文森特·威廉·梵高（1853—1890），荷兰后印象派画家、表现主义的先驱

梵高小传

文森特·威廉·梵高(1853–1890),荷兰后印象派画家、表现主义的先驱,他的绘画深深影响了 20 世纪的艺术,尤其是对野兽派和德国的表现主义。梵高受家庭熏陶和天性使然,从小就对于大自然有着无尽的热爱。他的童年时间大部分浸泡在原野、麦地、鸟巢、山脉和湖泊之中,他对色彩和光影有着天才般的敏感。大自然的斑斓影像一直如影随形般地铭刻在他的内心,这些影像成为他日后绘画的丰富素材。梵高的作品,如《星空》、《向日葵》与《群鸦乱飞的麦田》等,现已跻身于全球最知名、最昂贵的艺术作品的行列。在梵高的眼里,只有大自然和大自然里劳作的人民才是绘画之源世界之本。他陶醉其中,物我两忘。为了展现这个炫目的艺术世界,他拼尽全力,以至自己的生命。1890 年 7 月,他在精神错乱中开枪自杀,年仅 37 岁。

大自然的孩子
梵高传

徐珊 著

华文出版社
SINO-CULTURE PRESS

图书在版编目（CIP）数据

大自然的孩子：梵高传 / 徐珊著. —— 北京：华文出版社，2013.4（2013.8重印）
(可爱的"坏孩子"·世界伟人成长传记系列)
ISBN 978-7-5075-3958-5

Ⅰ.①大… Ⅱ.①徐… Ⅲ.①梵高，V.（1853～1890）—传记 Ⅳ.①K835.635.72

中国版本图书馆CIP数据核字（2013）第056657号

大自然的孩子：梵高传

著　　者：徐　珊
出版策划：李红强　罗　亭
责任编辑：杨艳丽
出版发行：华文出版社
社　　址：北京市西城区广外大街305号8区2号楼
邮政编码：100055
网　　址：http://www.hwcbs.com.cn
电　　话：总 编 室 010-58336239　发 行 部 010-58336212 58336238
　　　　　责任编辑 010-58336251
经　　销：新华书店
印　　刷：三河市华丰印刷厂
开　　本：710×1000　1/16
印　　张：9.75
字　　数：96千字
插　　图：8张
版　　次：2013年4月第1版
印　　次：2013年8月第2次印刷
标准书号：ISBN 978-7-5075-3958-5
定　　价：18.80元

版权所有　侵权必究

序

　　1990年5月15日,梵高的《加歇医生像》以8250万美元的价格卖给了日本收藏家。它成为目前世界上卖价最高的艺术品之一。

　　就是身价如此"昂贵"的梵高,生前却只卖出过一幅画。

　　潦倒、孤独、痛苦、疯狂……类似的词语都是梵高的人生带给世人的感受,那么在这些令人嘘唏的人生形态之下,他还有什么更需要让我们知道的人生故事和动人细节呢?他那让我们感到悲苦的人生之下更为激励人心的力量,是否还在等待着我们去挖掘和发现呢?

　　本书就是要带领我们去寻找一个真实的梵高:一个倔强而热情的孩子,一个执着而努力的年轻人,一个对大自然和劳动人民充满爱的艺术家。

　　梵高出生于荷兰津德尔特的一个牧师家庭,受家庭熏陶和天性使然,小梵高对于大自然有着无尽的热爱。他的童年时间

| 梵高传 |

大部分浸泡在原野、麦地、鸟巢、山脉和湖泊之中,他对色彩和光影有着天才般的敏感。大自然的斑斓影像一直如影随形般铭刻在他的内心,成为他日后绘画的丰富素材。

因为天性自由散漫,规规矩矩的学校教育没能挽留住小梵高。经过了几次颇不愉快的学校经历后,梵高在 16 岁那年就开始工作了。他年轻而富有激情,曾做过公司职员和商行经纪人,还当过矿区的传教士。他充满幻想、固执决绝,免不了屡遭挫折和失败,但从不放弃。最后他投身于绘画,因为绘画让他能表现自己和他所认识的世界。

他早期画风写实,在巴黎结识印象派和新印象派画家,并接触到日本浮世绘的作品后,他的画开始由早期的沉闷、昏暗,而变得简洁、明亮和色彩强烈。而后当他来到法国南部小镇阿尔勒的时候,则已经摆脱印象派及新印象派的影响,走到了与之背道而驰的境地。

梵高是个勇敢的人,他所有的叛逆和疯狂都只为了一个目标:做回自己。他不遵循传统也不受限于知识,漠视一切教条甚至还有理性。他的画色彩浓重、对比强烈,笔触旋转跃动,麦田、丝柏、星空犹如火焰般升腾颤动,震撼人心、直指人的灵魂。

在梵高的眼里,只有大自然和大自然里劳作的人民才是绘画之源、世界之本。他陶醉于其中,物我两忘。为了展现这个炫目的艺术世界,他拼尽全力,以至自己的生命。1890 年 7 月,他在精神错乱中开枪自杀,年仅 37 岁。

梵高的生命如烟花般短暂,却璀璨无比,永照世人。不得不说,梵高的性格确有种种缺陷,人生屡受挫败,但他的许多生活习惯和思想方式却弥足珍贵,成为永恒的精神财富,值得世人学习和效仿。

  他酷爱行走。梵高自小便喜欢和父亲在故乡的乡野山田间长途步行,一路轻声倾谈或者沉默观察。这种习惯伴随他的一生,无论是少年时期的背包跋涉还是青年时代的长途苦行,他都愿意用身体去拥抱大自然,去感受庄重的灵魂洗礼。正是如此艰辛而持久的磨炼,培养了梵高的坚韧意志和不屈精神。

  他喜欢写信。梵高一生写了几千封信,绝大多数是写给他的弟弟提奥的。梵高在信中以直白和扣人心弦的风格,让我们看到了一份朴素而高贵的兄弟深情以及他对文学和世界的哲学思考,更为重要的是,在他热情不断膨胀的文字里,我们看到了一个孤独天才的梦想与失望、内心的挣扎和灵魂的歌唱。梵高用书信表达这一最简单质朴的方式记录了自己的丰富人生。

  他尊重劳动。梵高的内心质朴而高贵,他懂得劳动的价值,尊重和热爱一切最底层的劳动人民。无论是做传教士还是画家,他的关注点一直是劳动人民。在他的内心,劳动最具有真善美的力量和意义,他的画也常常是在捕捉和表现这种意义,从而表达他内心最珍视的美。

  他不惧失败。众所周知,梵高一生麻烦不断、挫折不停。无论是工作还是爱情,无论是朋友交往还是亲人相处,他总会遇到种种不如意和沮丧失落,有时甚至是致命的打击。但梵高总能"屡败屡战",他在长途苦行中释放焦虑,在长篇书信中自我拯救,他总能置之死地而后生。即便他最后被病魔降服,我们也不得不说,他一直是一个不惧失败的人,永远是个勇敢的战士。

目　录

第一章　去麦田！去小溪！……………………………… 1

第二章　"我要去看蜻蜓"…………………………………… 9

第三章　和母亲一起画画…………………………………… 14

第四章　你又在撒谎！……………………………………… 19

第五章　"我想回家"………………………………………… 23

第六章　"每个人必须自己背包"…………………………… 29

第七章　美丽的"海牙大学"………………………………… 35

第八章　一生一世好朋友…………………………………… 43

第九章　你这个红头发的傻瓜……………………………… 48

第十章　我不想离开古皮尔艺术公司……………………… 52

第十一章　我现在一幅画都不想卖给你…………………… 56

第十二章　再次背上自己的背包…………………………… 61

第十三章　你不能让我做梦就做梦…………………… 66
第十四章　就让我也一无所有吧！…………………… 72
第十五章　我准备做个艺术家！……………………… 79
第十六章　我不想画这些没有生命的玩意！………… 85
第十七章　我怎么能配得上你的爱…………………… 91
第十八章　《吃土豆的人》…………………………… 98
第十九章　肥臀的维纳斯……………………………… 104
第二十章　我也是印象派？…………………………… 108
第二十一章　这就是我的家…………………………… 113
第二十二章　我们俩的"南方画室"………………… 119
第二十三章　终于卖出第一幅画……………………… 123
第二十四章　我就想这样地死去……………………… 128

附录　梵高年谱………………………………………… 132

第一章 去麦田！去小溪！

1853年3月30日，泰奥多勒斯·梵高牧师的长子出生了，名字叫文森特·威廉·梵高。

文森特的出生，给家里带来了巨大的喜悦。因为在一年前的同一天，文森特的哥哥一出生就夭折了，母亲安娜·科妮莉娅·卡本特斯为此悲痛万分。还好，一年后文森特就到来了。

文森特出生时，父亲惊喜地告诉妻子："安娜，快看我们的小家伙，他长了一头红头发！"

这个小家伙不仅一头红发，眼神还格外透亮有力，眉头紧蹙，一副桀骜不驯的样子。果然，红头发的小家伙精力旺盛、性格倔强，还有些孤僻，有时沉默不语，有时口若悬河。时不时还会冒点险、闯点祸。小文森特如此调皮顽劣，让父母心力交瘁，但也让他们感受到了为人父母养儿育女的幸福。

泰奥多勒斯牧师是一个善良温和的人，长得俊美轩昂，被誉为"漂亮的牧师"。他讲演布道的能力一般，事业也马马虎虎,始终担任的是其所在教区的下级教职,过着平凡朴素但虔诚坚定的传道生活。

　　文森特的母亲安娜也不是平庸之人,出身于海牙著名的装订工世家。安娜是一位贤妻良母,她兢兢业业勤俭持家,对待丈夫和孩子都温柔体贴。安娜精力充沛,性格活泼,生性好动,是个喜欢用书信交流的开朗女子,最为重要的是,她不仅热爱生活,还是一位出色的业余画家,能够借助画笔来表现一位妇人的情绪和思想。她不会整日被家庭琐事缠身,无论生活怎样忙碌,无论家庭经济如何拮据,安娜总能安排条件和抽出时间来满足自己的业余爱好。她用素描或水彩画植物、花卉等,并集结成册,送给亲朋好友分享她的快乐。

　　文森特两岁那年,妹妹安娜出生了。又过了两年,弟弟提奥诞生,接下来是妹妹伊丽莎白,小妹威廉·明娜。1867年,最小的弟弟科尼利斯也来到人间。兄弟姐妹们之间,文森特和提奥的感情最好。从提奥能走路开始,兄弟俩就像双胞胎一样形影不离。

　　文森特稍稍长大,火红的头发依然没有改变,满脸长满了雀斑,蓝眼睛犀利有力。他是个少言寡语的孩子,不爱与人交往,常常徜徉在自我的世界里。

　　泰奥多勒斯牧师的工作地点在津德尔特,地处荷兰第二大省北布拉班特里,更详细地说在其工商重镇布雷达之外约50英里的村庄。牧师的住宅是一幢木屋,坐落在通往市集的路对面。厨房后面有一个花园,园内长着刺槐,几条小径穿过细心培植的花卉。教堂是一幢小木屋,就在花园后面的树林里。教堂两侧有两扇配着普通玻璃的哥特式窗户,木头地板上放着一打硬板凳,柱子旁总是放着一些取暖的火盆。教堂的尽头有几级台阶通向安放手摇风琴的地方。这是一个举行礼拜仪式的严肃而又简陋的地方,弥漫着浓厚的宗教氛围。

　　津德尔特幅员辽阔,泰奥多勒斯每天要走两个多小时,去看望远近的虔诚信徒。他最喜欢沿着原野和麦地行走,呼吸着新鲜空气,抬头与天边的晨霭和夕阳约会,低头和路上的小草野花对话,大自然如此美丽,让人内心静谧。非常庆幸的是,他的这种健康的爱好非常难得地也传递给了其子女。尤其文森特,他是兄弟姐妹里最热爱行走散步的。无论是他的童年还是长大成年之后,都有过许多次漫长而丰富的徒步步行经历。这样的长途徒步,不仅是对身体的磨炼,更是对意志的锤炼,身心的双重收获不是一般人能感受到的。

　　津德尔特是个美丽的地方,可以说是孩子们的天国:空旷寂寥的青色原野、温润丛生的柔绿石楠、浓密深沉的绿色松林、一望无际的金灿灿麦田、流水淙淙的土黄沟渠、清爽喜人的碧绿菜地、五彩斑斓的五彩花园、肃穆沉沉的黑色教堂……这些都是大自然的颜色,也是让文森特双眼兴奋内心激动的颜色。他被大自然深深地吸引,更被这

些变化莫测、美丽绚烂的颜色彻底征服了。这些颜色也一直保留在他的最深层记忆中,他未来的画布以浓彩重墨的形式震撼着所有人。

这么多的颜色里,文森特最爱麦田的金黄色。不知是金黄色更能贴近他那颗饱含激情的心,还是与他一头火红的头发一样是他的命运之色,这个有着满脸雀斑和一双明亮蓝眼睛的孩子最愿意待的地方就是麦田。

麦田就在教堂后面,大片大片的,辽阔无边。人们常常看到这个貌似有些丑陋的孩子独自一人在麦田边久久徜徉或默默发呆。枯燥寂静的午后,日光灼人,一阵阵麦田的热风吹来,当大人们觉得这一切热燥难耐之时,文森特却深深地陶醉在其中。他贪婪地注视着随热浪起伏的麦田,用尽心力呼吸着热风传递而来的麦田的芬芳,他澎湃的内心无人分享,除了提奥,他不想也不愿意去和其他人表述他的内心与大自然的秘语。有时,他会久久伫立在那棵高高的银叶相思树旁,看着树上的喜鹊窝,听着喜鹊的聒噪歌声,思绪漂浮,等到偶尔一片绿叶落在身上,他才记得时间已经很晚了,该回家了。

除了麦田,他还喜欢去小溪边。当其他孩子还在一起尖叫游戏时,他会带好玻璃瓶和渔网,一言不发,走出家门。他穿过田野，沿着草地的小径一路前行。小溪边清新凉爽，盛开着玫瑰色的睡莲，令人着迷。溪边开放着勿忘我，在闪光白沙的映衬下，如摇曳生姿的仙女。让他最感兴趣还是水里的昆虫。每次回来，他总能给大家带来各种各样的甲壳虫。

也许是牧师的长子，也许梵高的特别和禀赋让父母自豪，总之他备受父母的宠爱，什么都不受约束。他的少言寡语，他的孤单沉迷，他的较真孤僻，这一切在父母的眼里颇为自然，就好像一颗偶尔特别金黄如同燃烧火焰的麦子，何必非得让它和别的麦子一样呢？

文森特和大自然的秘密交流一直幸福地进行着。父母的支持更让他自由自在地活在自我的世界里，他没有勉强自己去做出努力，非要和周围的其他孩子打成一片。"融入一个群体"好像不是他特别愿意去做的事情。

有一天，他又像只夜猫一样从早上出去，长时间在野外游玩，在大自然中探索，结果一不小心就走出十来公里。回家后，妈妈看着他被泥土包裹的鞋子，怜惜地抚摸着他已经起了水泡的脚。

"我最亲爱的文森特，累不累啊？"

"不累。"

"亲爱的孩子，你走到哪里去了？"

"妈妈，我也不知道走到哪里了，但那绝对是迷人的地方。"

"我的文森特到过的地方都是迷人的。"

"妈妈，我想告诉你，今天我看到了一种以前没见过的喜鹊，羽毛的颜色真是特别漂亮……"

"妈妈,今天我在麦田里看到一对美丽的云雀,我好想靠近它们啊,你猜我怎样?我想了个办法,没有折断周围的禾叶哦……"

"妈妈,我还抓到了一只特别的甲虫,它有一个闪亮的褐色的壳,一双大而圆的眼睛,我从水中抓出它后,它还不断地伸缩它那弯曲的腿呢,像在跳舞,真是太有趣了!"

……

文森特兴致勃勃,情绪激昂,几乎要唾液四溅了,他抱住妈妈,撒起娇来。

"妈妈,明天一起去麦田吧,一起去小溪吧,一起去行走吧!"

文森特热切地看着母亲,眼睛里似乎摇荡着大片大片热情的麦田。

第二天,安娜没有陪文森特出门,她想画完那幅还没画完的风信子。不知是她和牧师交流了,还是牧师自己也想散步,最后牧师带着儿子出发了。这一次,他们居然走到了遥远的赖斯贝亨。一路上,父子俩话语并不多,只管放开自己的眼睛和耳朵,享受一场大自然的声色与光影的盛宴。在生长着绿色谷物的黑土上空,云雀在歌唱;在辉煌的蓝天上,飘着白云;两旁长着山毛榉的石子路上,一路风声如管弦乐;最美妙的麦田和天际相连,分不出哪里是天哪里是地,而那黄色与蓝色相交之处,阳光恰到好

处地投射下来,恰似一个神秘乐园的入口,令人炫目。

父子俩沉醉于大自然中,不免心意相通。回来的路上,两人都有些累了。牧师知道儿子喜欢动植物,于是展开了一些关于这方面的话题。他多年步行传道,对于大自然的认识也算日积月累,有了相当多的知识。松树和石楠树树叶的区分、鞘翅目昆虫的特征、候鸟迁徙的时间,诸如此类,信手拈来。小文森特听得如痴如醉,恨不得马上回家建一个大花房和一个动物园,自己就是园丁和饲养员。

父子俩深夜才回到家,虽然有些筋疲力尽,但都心满意足,吃过饭后便倒在床上呼呼大睡了。

这之后,小文森特就俨然是一个小科学家了。他开始有模有样地研究自己喜爱的动植物。他避开有着笔直街道和

| 梵高传 |

井然有序小屋的村庄,通过丘陵和山谷寻找他的探险之路。

　　文森特有着敏锐的观察力和过人的记忆力,每次出门他总能发现令人惊奇的东西。他熟悉当地所有偏僻的角落,他知道最珍贵的花长于何处,最厉害的是,他像一个植物学家那样采集分类,翻来覆去详加研究,最后熟稔那些野花的来龙去脉。这个小小植物学家还将研究范围延伸到昆虫领域,他捕捉甲虫、金龟子,收集鞘翅目昆虫,配上标签,观察解剖体的每个细小部位。当然,还有那些会唱歌的鸟类,他常常为了了解一些稀有鸟类,手制绿叶藤帽,匍匐在鸟巢不远处,不知疲倦地观察。小文森特很快就积累了相当多的关于植物和动物的知识,在兄弟姐妹眼里,小文森特简直就是本大自然的百科全书。

　　弟弟妹妹们也常常跟着文森特跑去麦田里,跑到小溪边。不过,佩服归佩服,他们对文森特还是有些不满的。文森特非常珍惜他的各类标本,他把它们藏在房间里,这让爱干净的妹妹们埋怨不断。

　　科学家就可以不爱干净吗?

① 小文森特为什么喜欢大自然?
② 大自然里有什么是最吸引你的?为什么?

第二章 "我要去看蜻蜓"

大自然的熏陶,既让文森特学会了独立思考,也养成了他桀骜不驯的性格。他对于自己内心不认同的事情从来就不愿意妥协,不服管教,显得任性执拗,这样的个性也不免引来一些让人比较头疼的事情。

有一天,牧师的母亲,也就是文森特的祖母,兴致勃勃地给孩子们讲故事。她让大家整整齐齐地坐好,开始用平稳而啰唆的语言讲一个已经重复了好多次的老故事。祖母曾经抚养过11个孩子,自认为在这方面绝对具有权威,面对一群孙子孙女,自己毫无疑问是掌握全局的前辈。

不知是祖母的故事讲得不够好听,还是文森特根本就没有听进去,反正这个红头发的小男孩坐不住了。他的眼睛一会儿蓝一会儿绿,脑子里不知在想什么。只要祖母稍稍没有盯着他,他就一会儿翻翻手边的昆虫标本,一会儿看看窗外的野花,甚至从椅子上跳下来,去拍妹妹椅子上的小飞虫。

规规矩矩对于文森特是多么艰难的事情啊,他根本不可能像弟弟妹妹那样安静地坐着听大人讲话。祖母忍无可忍,觉得这哪里像梵高家族的孩子,再不管教简直就是梵高家族的逆子贼臣了!等到文森特再次跳下椅子时,她终于发怒了,粗暴地冲过去,拽住文森特的脖子,一把将他拉回到椅子上,指着同样怒气冲冲的文森特,喘着气大声地说:"文森特,你老老实实坐着。你看你妹妹有多乖,你再看看你。你就不能好好地坐着听我讲故事吗?"

文森特可能还没觉得痛,朝身边的提奥吐吐舌头,满不在乎地转过头,用特别坚定倔强的眼神盯着祖母。祖母没有理会他,或许觉得刚才凶恶的样子是对其他孩子的不公,她赶紧微笑着亲切地看了看其他几个孩子,又开始讲述那个古老的故事。

可是才一会儿,文森特就被窗户外的两只蜻蜓吸引住了。也许是要下雨了,窗外波谲云诡,风一阵大一阵小地吹过,蜻蜓也多了起来,在树下,在池塘边,在窗户前,飞来飞去,舞姿优美。文森特的心早就跟随蜻蜓的那对透明翅膀飞走了。

他想:"是不是蜻蜓的翅膀就是它的雨伞啊?相思树上的喜鹊巢里的小喜鹊会不会被雨水冲走啊?还有那些水里

一天,梵高的祖母兴致勃勃地给孩子们讲故事,她让孩子们都整整齐齐地坐着。突然,两只蜻蜓停在了窗户上,好像在窃窃私语,更像是在和梵高打招呼。梵高再也忍耐不住了,直接跳下椅子,奔到窗户前,盯着蜻蜓看。如果没有祖母和妹妹在,他真想大声地对蜻蜓说:"嗨,你们好吗?你们是来邀请我去散步的吗?"

名家名言

　　让我沿着我自己的道路奋斗吧,千万不要丧失勇气,不要松劲。

名家名言

　　人们必须真正地爱他的同类,我要尽可能地使自己具有这样的心。

的昆虫是不是一会儿全部要跳出来开音乐会啊？"

想到马上就会有一场酣畅淋漓的雨，还会有更多的昆虫在那里唱歌跳舞，他恨不得自己变成一只蜻蜓，立刻从祖母头顶上飞出去！

简直是在受煎熬的文森特愈发坐立不安了。祖母的声音在耳边嗡嗡作响，就像夏天里那些催人昏睡的知了。文森特太想奔出房间，去看望他的树，他的麦田，还有教堂外面那些喜鹊窝里嗷嗷待哺的小喜鹊。可是祖母时不时盯着自己，用严厉的眼神阻止着焦急的文森特。

突然，有两只蜻蜓停留在窗户上，好像在窃窃私语，更像是在和文森特打招呼。文森特再也忍耐不住了，他恨不得把自己的红头发织成一对羽毛，这样他就可以直接飞出窗外了。他没想太多，直接跳下椅子，奔到窗户前，盯着蜻蜓。如果没有祖母和妹妹在，他真想大声对蜻蜓说：

"嗨，你们好吗？你们是来邀请我去散步的吗？"

祖母的脸都气紫了，这哪里是梵高家族出来的文明礼貌的好孩子，简直就是不懂得尊重别人的野蛮坏孩子！这位温文尔雅的老人再也控制不住自己的情绪，冲上去打了文森特一个耳光。

"你给我出去！再也不要回来了！"

文森特没有任何迟疑，他只是犹豫地看了看一旁发抖的妹妹，然后头也没回地直接冲出家门。小家伙没有任何牵挂地看蜻蜓、看雨中的菜地去了，他哪里知道，夺门而逃后，家里的大人们为了他，已经闹得炸开了锅。

母亲安娜很快就知道发生的一切,但娇宠文森特的她并没有觉得孩子做错了什么。她自己对于文森特的教育从来都是自由散漫的,同时也欣赏孩子对大自然独特的感悟。祖母的这种做法在她看来完全是小题大做,粗暴无礼。心疼文森特的安娜平时都和家人相处融洽,和祖母关系也颇亲密,但这次她确实对祖母有了极大意见,觉得老人家没有尊重孩子,也不愿意了解孩子,而是用暴力解决问题,这是她非常厌恶的。她自己对文森特从来是和颜悦色,呵护备至,她为自己的孩子而骄傲,从来不愿意对孩子们施以任何粗暴的言行,可现在,文森特不仅挨打了,还被逐出了家门。想到孩子又冷又饿,不知在哪里躲雨,安娜的内心不免伤痛。她放下手里正画的一幅画,自言自语:"我不要再和这个糟老太婆说话了。"

事实上,文森特很快就回家了,小家伙饿了累了,回到家填饱肚子,对着提奥讲述了外面精彩的世界后,就倒头睡觉

了。可怜家里的祖母和妈妈已经一整天没有讲话了,两个都觉得委屈的女人正背对背地各自伤心生气呢。女人们总是这样的,一生气就会把以前所有的伤心事都勾连起来,自怜自艾的状态要持续好一会儿。

泰奥多勒斯牧师晚上

回来时,已经知道家里发生了什么事情,他看了看熟睡的小文森特,内心充满爱怜。然后跑到自己母亲的房间,百般安慰。最后回到妻子身边,夸了妻子的绘画一晚上。这个支撑家庭的一家之主,这个善良敦厚的男人,他只希望亲人们继续和睦相处,不要心存芥蒂。何况,作为一名成熟的中年男人,他知道,母亲和妻子一天的冷战,不仅伤害大人们的感情,其尴尬不悦的气氛更会给孩子们带来负面影响。

聪明的牧师第二天一早起来,就驾着马车来到远离村子的小树林,同行的还有祖母和妻子安娜,世界上他最爱的两位女人。他一手挽着妈妈,一手挽着妻子,说尽了甜蜜温柔的话语,最后两个女人不禁相视一笑,她们哪里会不爱护这个共同拥有的男人,不爱护他们共同拥有的小文森特呢。于是,妈妈原谅了祖母,祖母原谅了文森特,而文森特已经在梦中原谅了在风雨里不和自己说话的那两只可爱的蜻蜓。

不过,不得不说,文森特在这次事件中显露出的桀骜不驯和决不妥协的性格特点,是引起这次家庭纠纷的根源,也会是他以后的人生路上那些深刻痛苦的根源。

① 祖母为什么要给文森特一巴掌?她做得对吗?
② 文森特不听祖母讲故事而去看蜻蜓,他做得对吗?

第三章　和母亲一起画画

　　文森特家的一天常常是这么度过的。白天，父亲穿着朴素的衣服去远方布道，所到之处深受信徒崇敬和热爱，母亲则在家里照顾孩子和处理家务，若得偷闲，则在书房里画些花鸟或者给远方朋友写封热情洋溢的信。文森特和弟弟妹妹们则要么在花园里游戏，要么到麦田去追逐，有时还跑到教堂玩耍。到了晚上，一盏油灯，几杯清茶，父亲埋头写下个礼拜天的布道词，母亲则在一旁织毛衣或者画幅素描。如果是寒冷的冬天，壁炉里自然还燃烧着温暖的柴火。这个时候，孩子们因为白天的游戏劳累，大都入睡做梦了。

　　这样美好的日子一直持续到文森特8岁那年，父母将文森特送往当地小学去读书。

　　刚进学校时，文森特还有些好奇心，老老实实地坐在座位上，看看前面的老师又望望身边的同学，觉得很新鲜。但没过多久，他就有些坐不住了。这次可不是因为想走出教室去撒野,或者去抓教室里的蜻蜓,而是因为讲台上老师所讲的一切,对于他来说实在是太容易了。老师和父母都意识到文森特的智力远远高于同龄孩子,让他安静地待在教室里实在太难了。正当父母商量着如何才能让文森特得到真正适合的教育时,学校发生了一件事:校长在一次酗酒之后打骂了一个孩子,家长们都聚集到学校里提出抗议。文森特的父母这次不再犹豫,直接让文森特回家了。

回到家里,文森特非常高兴,他打心眼里不喜欢学校,因为那里没有昆虫可抓,没有鸟鸣可听,更没有鲜花和树木等着他去窃窃私语。刚回家一段时间,文森特除了每天去大自然那里报到,还经常去木工房学做木工活,他的作品令家里的木工都赞叹不已。

木工外出做工,文森特喜欢随着他们前往观摩。他对一切手工活动都充满兴趣。

母亲看到文森特似乎对线条和色彩特别敏感,也有了新的念头。"既然不上学了,那就学点东西吧。要不和我一起画画吧?"她关切地看着文森特,温柔地问他。

"好啊,我要和妈妈一起画画。"

安娜最先开始教文森特画素描,她亲切地告诉文森特应该如何削笔,应该如何把握线条、如何构图,循循善诱的母亲给了文森特绘画的最初启蒙。不过,文森特可无法安静地坐很久,有时画着画着便奔出去抓金龟子了,有的时候画着画着突然就想起了什么事情,发呆神游,心不在焉。安娜并不强求,更没有责怪,任着文森特自由地按照自己的方式去学习、去感受。他们有时画风信子,有时画狗,有时画书房,母子俩全情投入,相视一笑,那是文森特一辈子难以忘却的记忆。他非常享受和母亲一起画画的那段时间。一是他真的喜欢那些色彩,喜欢用色彩去展示自己眼里的世界;再者他可以和自己挚爱的母亲一起,因为母亲带给他的贴心温暖让他觉得无比幸福。安娜和颜悦色,无论文森特画得如何,她都是赞赏之极,温柔坚定的眼神让文森特沉醉。

刚刚学画没多久,有一次文森特自作主张画了一幅画:冬天的花园里,一只猫在光秃秃的苹果树上疯狂地飞奔着。这使母亲大吃一惊,自己的孩子才学画没多久,已经有如此惊人的艺术表现力和艺术想象力,她甚至有些不敢相信这是真的,以至于都没有和别人提及。

9岁那年,文森特画了一只低伏身躯、露齿狂吠、跃跃欲出的恶犬,其神态栩栩如生,给人留下了深刻印象。母亲安娜这才有些相信,文森特确实有绘画方面的天分。她洋洋得意,忍不住和亲朋好友提起画有那只猫的图画,当然回忆中不免夸张,文森特在安娜的眼里快要成为横空出世的大师了。

对于几个孩子,母亲显然对文森特特别偏爱。首先文森特在神态、身材、体质等方面更像母亲而不像父亲。文森特和母亲一样身体强壮、精力旺盛,尤其那双炯炯有神的眼睛,里面更多地闪烁的是一种锐利、审视的目光,凸起的眉脊给人留下深刻的印象。虽然与母亲的目光相比,文森特的目光似乎少了一点积极乐观的豁达和热情,更多地藏有自己的忧郁、压抑乃至偏执,但只要他一高兴就会神采奕奕,而那个时刻激情澎湃的他简直是活泼热情的母亲的翻版。安娜看到了她所钟爱的这个孩子的狂热和激情,当然也看到了他的抑郁和疯狂,但深爱文森特的她深信自己孩子的人生是绽放激情的艺术人生。

事实上,对于文森特,绘画如同在大自然散步一样,是他感受和释放激情的有效途径。每当文森特发现自己有些郁闷和纠结时,只要投入到绘画中,痛苦似乎就能得到缓解。从某种意义上来说,绘画就是他的避难所,是他完成自我救赎的最直接的方式。

这一天,父亲要过42岁的生日。安娜抱着11岁的文森特,问道:"我们一起画幅画送给父亲好吗?"

文森特激动地看着妈妈,什么都没说,立刻去拿来画笔和画纸。

母子俩花了一下午的时间,画了一座农舍和一间仓房,文森特说家里应该有更多的牛和麦子,然后用大房子把它们装起来,父亲会很开心的。这幅画的完成,母亲给予了很多建议,也参与了其中的勾勒。牧师收到礼物,激动万分,他觉得自己的文森特太有天分了,立刻就在画的背面写上了:文

梵高传

森特,1864年2月8日。第二天,牧师特意去找人把画镶了镜框,悬挂在家里显眼的地方,以便客人随时可以观赏到。

完全可以这么说,父亲带给了文森特散步的好习惯,让他真正走进大自然,母亲安娜则带给文森特喜欢绘画的乐趣,为文森特打开了最初的艺术大门。

① 文森特为什么喜欢和母亲一起画画?

② 你有没有让母亲欣赏并为你骄傲的本领?想一想母亲鼓励过你的话,你此时的感受是什么?

第四章　你又在撒谎！

父母太爱文森特了，只要他稍微显露出一些禀赋，便不遗余力地大加赞赏，有时不免夸张。可小文森特却是一个天生较真执着的孩子，不喜欢浮夸，更不喜欢虚与委蛇，讨厌一切虚假的东西。如果他听出对方是在揶揄或者是在应付，即便是最好的赞美，他也绝不接受，毫不留情地当即黑脸。

有一次，文森特不知哪来的兴致，跑到木工房里，翻箱倒柜，上下折腾，最后居然用油灰做成了一只小象。小象的外形并非酷似，鼻子太长，眼睛又太小，两只大耳朵竖得太高，但是由于小象憨态可掬，倒也可爱逗人。父亲最先看到，觉得自己的文森特才气过人，不禁喜上眉梢，眼前的小象更加逼真动人了。他走过去抱住文森特，大声说：

"我的儿子，真是个天才，你做的这个小象太像了。"

母亲闻声而来，看到小象后，她并不像父亲那样觉得有多么完美，不过也不免为自己的儿子骄傲。她亲切地看着文

森特,笑呵呵地说:

"我们的小梵高可以做小象了,是不是明年就可以做大象了!只是大象的鼻子是不是会更长,到时候大象走起路来,鼻子都要绕着脖子好几圈了!"

母亲是个开朗的人,忍不住和文森特开了个玩笑,父母都大笑起来,一旁的文森特却不觉得好笑。

"我做的小象这么丑陋,爸爸妈妈这是在故意取笑我。"文森特越想越生气,脸一会儿红一会儿白的。幸好小家伙没戴帽子,否则他的红头发一定会怒发冲冠!

小文森特气急败坏,冲到小象跟前,拆了鼻子又卸了耳朵,三下五除二,小象立刻就毁了。

父亲和母亲吓得都没敢再吱声。但母亲有些着急心疼,她知道文森特是个认真过度而有些偏执的孩子,只要别人有一点点不够尊重他或者不够坦诚,他会完全不顾忌对方的感受,当面生气。夸张和玩笑在他听来都是一种嘲讽,他不喜欢这种不平等的关系,哪怕是来自善意的父母。小时候就这么执拗,长大后这种性情会给文森特带来多少烦恼啊,如果一直这样下去,也难和朋友相处,到时候儿子多孤独啊!

母亲的担忧不无道理,文森特长大后也确实因为这样的较真吃了不少苦头。可是他若不较真,又怎么能创造出令世人瞩目的特立独行的艺术世界呢!

没过多久,类似的事情又发生了,这一次是一只猫。

文森特花了整整一下午的时间,在书房画了一只猫。或许是文森特太喜欢夸张的手法,这只猫的头特别大,尾巴却很短,虽然外形让人稍觉突兀,但炯炯有神的眼睛还是让人感觉到了猫的威武。母亲被画纸上这只猫的气势惊呆了,不免想起他8岁时的那幅"天才之作",于是得意洋洋起来,虚荣之心空前高涨,她那善于制造欢乐的天性也不由地表现出来。

"我说文森特啊,你8岁我就看出你的与众不同了。你这样的天才也只有妈妈我才生得出来啊!"

活泼的个性让她忘记了前不久刚刚发生的"小象事件"。她对着文森特滔滔不绝地夸奖,里面充满了母亲对儿子的特别溺爱。

"你看你现在画的这只猫,比8岁那次画的猫还要好、还要棒,你看看,你都知道用阴影来表现主题了,真的是无师自通的天才啊。文森特,你是怎么构思出来的,这是你梦里的猫吗?现实中的猫不可能这么俊啊……"

文森特听到母亲的这些言过其实的激情评论,不免又懊恼又愤怒,他只想得到别人认真如实的评价和探讨,他不喜欢夹杂感情的粉饰,不喜欢自欺欺人的陶醉与麻痹。他依然没有顾忌在一旁手舞足蹈的母亲,冲了过去,再次亲手毁掉了自己精心描绘的这只猫。

"我画得很糟糕。你又在撒谎!"

文森特冲着母亲喊了一句,就冲出了家门。

本来母亲还想着把这只猫装裱起来挂在房间里,让所有的亲人都来欣赏自己的小天才呢。这下,她只能看着满地的碎片,又心疼又自责。

| 梵高传 |

安娜一生中对这两件事记忆犹新,到了晚年,每次谈起文森特都忍不住提及。聪明的安娜知道,文森特从小就显示出的严肃认真和孤僻决绝,会让他一生痛苦。正如母亲所担忧的,文森特一生都在较真,无论是绘画还是人际关系,他都渴望建立一种最纯粹的关系,可是对于后者,这实在是一种奢求,人性的微妙与复杂不可能或者说很难让人与人之间完全地、绝对地保持真实。

① 父亲和母亲给予文森特的赞美合适吗?为什么?
② 文森特不接受赞美并且大发脾气是不是个"坏孩子"?为什么?

第五章 "我想回家"

　　文森特在家待了两年多,11 岁那年,父母领着文森特前往 25 公里外的泽芬伯根读书。

　　泽芬伯根有一所简·普罗维利私人膳宿学校。学校不大,开设的课程也不是很多,但是学校开设的语言课程很丰富,包括英、法、德三种语言,文森特的学习能力还是比较强的,他最终能熟练运用法语和英语,德语也达到了相当水平。后来,文森特学习宗教时又学会了拉丁语和希腊语,加上母语荷兰语,他总共会六种语言。日后,恰恰是凭借这些语言,文森特能够涉猎广泛的宗教和文学领域。

　　有一点必须提及的是,虽然文森特天资聪颖,但之前一直缺乏正规而系统的学校教育。简·普罗维利私人膳宿学校的各门课程弥补了文森特早期教育的短缺,毕竟文森特没有正儿八经地读过书,虽说大自然能带来在学校体会不到的天然养分和灵感滋润,但是知识的学习还是需要按部就班,并接受系统的训练。简·普罗维利的系统课程，除了语言课程和基础知识课程之外，还有绘画课程，这对于文森特是个难得的好机会，让他可以得到基础正规的绘画训练，为他日后成为举世闻名的画家奠定基础。此外，写作课在学校的教学中也占有很大比重，这对提高文森特的语言表达能力无疑也具有推动作用。文森特的文字表达能力甚至不亚于绘画，他和母亲一样，一生保持着勤奋写信的习惯，每一封信都真挚饱满，才思横溢。

学校的日子不免清苦，但文森特的知识水平却快速进步，学习成绩都相当优秀。家人都感觉文森特会是一个前程辉煌的学生。一切看似都朝着更好的方向前进，家里没有人能体会到小文森特内心的孤单。多年后，文森特在给自己的弟弟提奥的信中写道：

"那是秋季的一天，我站在普罗维利先生的学校的台阶上，目送爸妈乘坐的马车离去，他们要回家去。望着远去的黄色小马车奔驰、穿越牧场，漫长的道路被雨水打湿，两边夹护着细弱的树木。水洼中映现这一切之上的灰色天空。

"……在那时刻和今天之间，绵延着岁岁年年，这其间我感到自己是一切的局外人……"

我们可以想象那令人无限悲伤的时刻。从来没有离开过父母的小文森特，一个人站在陌生的地方，天边是灰云，凄风冷雨，寂寥的天空，稀疏的树木，那一刻他的内心有多么凄苦，独行的一个人是多么孤独和悲伤。

好容易过了焦虑和煎熬的两周，父亲终于来探望文森特了。文森特很少和父亲有过多的亲昵举动,可这一次,他一看到父亲的身影就欣喜若狂,迫不及待地冲了出去,狂热地抱住父亲的脖子,好容易才忍住了眼眶里的泪水!文森特闭着眼睛享受与亲人重逢的欢乐,久久不愿放开父亲。

"我不想待在这里,我想回家。"文森特可怜地看着父亲,用乞求的语气说出了他自己也觉得无望的请求。

当然,这是不可能的。每个孩子都需要在学校学习,文森特比父亲还要懂得这些。

父亲离开时,文森特心如刀绞,泪眼婆娑,久久难以释怀。接下来的日子,简直就是度日如年,文森特每一天都在掰着指头数日子。他热切地期盼圣诞节来临,这样他就可以回家和自己的父母及弟妹们团聚。

可以想象,这个孤独的孩子被关在一所昏暗的学校,天天面对的是书本,学校的生活枯燥呆板,令人窒息。要知道文森特可是从小生长在大自然里的孩子,他的

鼻子已经习惯了麦田的芳香,他的眼睛已经适应了原野上阳光的变幻,他的耳朵充满的是潺潺的溪流声,他的内心生长的是一片粗犷原始的土地!只有在大自然的土地和空气里,他才算真正地活着。此刻,远去的童年就如同失去的天堂,

有时文森特坐在教室的窗户前发呆,脑子里全部是童年快乐的回忆。

  1866年,13岁的文森特结束了在简·普罗维利私人膳宿学校的学习。同年9月,他被送往离家更遥远的北布拉班特中心城市——蒂尔堡,在那里的国立威廉二世国王学校学习。这所学校比较开明自由,其校长意识先进,锐意改革,旨在办成一所具有现代民主意识的先锋学校。校长聘请了大批具有高素养的教师,形成了自由宽松的校园环境和浓厚的学习氛围。值得注意的是,该校每周课时36节,艺术课时高达4节,校方大力投资,购入大量优秀艺术作品供学生观摩学习之用,校长努力不懈,希望自己的学校有朝一日能成为荷兰国家艺术教育中心。

  所有的教师里,文森特最喜欢的是艺术教师C·胡思曼。胡斯曼是一位已经在巴黎有影响力的画家,也是一本很受欢迎的绘画课本的作者。他亲自为学生们编写了素描教材,并开设了一间颇具规模的画室。在晴朗的日子里,他还带领学生们外出写生,给予学生耐心而专业的指导。

  因为禀赋甚高,文森特所学的各门艺术课程,除了透视课,文森特都取得不错的成绩。透视课一直是他的弱势,他无法正常运用透视法,这一点在他日后的画作中有着明显的表现。

  不久,创办这所学校的校长被德国人芬根斯博士所取代。新校长是一个信服权力和迷信制度的威严之人,只想让学生听话,采用高压政策,力图建立一套严厉的缺失人性化

梵高是属于大自然的,学校里的日子真是难熬呀!好容易熬过了焦虑和煎熬的两周,父亲终于来探望他了。他一看到父亲的身影,欣喜若狂,迫不及待地冲了出去,狂热地抱住父亲的脖子,他强忍住眼眶里的泪水,乞求地看着父亲,说出了他自己也觉得无望的请求:"我不想待在这里,我想回家。"

名家名言

在我的生活与绘画中，我可以不要上帝，但是像我这样的笨人，却不能没有比我伟大的某种东西，它是我的生命……创造的力量。

名家名言

一个人绝不可以让自己心里的火焰熄灭掉，而要让它始终不断地燃烧……

的纪律制度。已经习惯了人性化管理和自由宽松氛围的学生们不答应了,很快,师生之间发生了冲突。冲突事件屡次升级,最终,新校长采取铁腕手段强制性地开除了一些学生。文森特虽然没有被列入受惩处学生的名册,但大约在生日前后,他还是辍学重返津德尔特了。

也许是他早想从学校逃回童年,给父母写信抱怨,并再次告诉父母"我想回家",父母就心疼地把他从学校接走?也许是一次师生争吵之后,学校老师借机说服这个特殊的孩子退学?又或者,文森特受不了压抑、强制性的学校纪律,多少开始表现出家族遗传性质的抑郁症?谁能知道呢。父母所知道的,只是文森特从小就显示出强大的孤僻气质,天生不适合这种带有强制性的集体生活。在拥挤的学校里,他那颗如此敏感的心不可避免地会受到伤害。哪怕是简单的小冲突,或者是激烈点的评语,都可能触动这个神经过于敏感的人。当文森特感到自己是"一切的局外人"的时候,不免想逃回到他熟悉的故乡。

一切皆有可能。总之,文森特遗憾地中断了学习。

不得不说,这两段学校历程多少也传递出这样一个信息,传统的教育方式、规矩的教育规则并不适合文森特,他与生俱来的对于孤独的敏感、对于自然的超然亲近,以及对于亲情的极度依恋,都让这个天才无法长时间地待在学校里。

这两次在学校的经历虽然短暂,但正规的系统的教育至少给文森特做了一定程度的学习补救。事实上,每个时代每个国家都存在这样一些具备强烈个性的人,他们并不适合大

|梵高传|

众教育,他们需要的是按照自己的内心想法去探索和成长。如果非要让他们在传统的大众教育体制里学习和生存,可能只会压抑他们的天分,抑制他们巨大的才华。这样的天才能坚持自己的求学和成长之路,需要付出更大的勇气和信心。

① 文森特为什么不喜欢学校?
② 想一想,学校里有些什么是让你喜欢的?又有些什么是你不喜欢的?为什么?

第六章 "每个人必须自己背包"

13岁那年,文森特有过一次长途步行。他要从50英里外的布雷达步行回家。对于年纪尚小的他,这实在是一次漫长的马拉松式散步!

当时,文森特背着一个大背包,里面装了一块面包、两件衣服和两本书,他义无反顾地出发了。他只想回家,这个目标让他全身充满信心和力量。他披星戴月、披荆斩棘,饿了就找牛场喝点牛奶,或者去摘路边的野果子,渴了就去溪边喝点天然矿物质水或者在乡间好心人那里讨些热水。好在路上不算寂寞,有个同行的成年人。那个人大概30岁左右,是个酷爱行走的荷兰人。他们不知在哪里开始结伴了,一路攀谈也颇投缘。这个同伴是个好心人,一直担心身边这个13岁的孩子,时不时关切地问寒问暖,提醒他注意休息。文森特内心十分感激,但每次都是坚定地否认并坚持继续前行,让好心的同伴不免心生惭愧。渐渐地,两个人越走越勇,虎步生风,一路前行。

没想到,在离家还有最后5英里的时候,文森特受伤了。他的腿被路边一块躲藏的木刺划伤了。文森特龇牙咧嘴的,有些颤抖着站起来,看起来情况不是很好。同伴赶紧冲过去,"文森特,你受伤了,我来帮你背包吧!"他问。

同伴拉过文森特的背包,执意要帮他。

"不,不需要的,我自己行,我可以的。"

"你都受伤了,没有力气了。我们还需要走好一段路,你还是让我背吧!"

文森特脸都涨红了,他用几乎生气的高语调,坚定地大声说:"不!谢谢!每个人必须自己背包!"

最终他们一起回到了家。

健壮的文森特在家只休息了两天,腿伤就几乎痊愈了。同伴被他的人小志坚的精神深深打动了,不免将这件事到处与乡人叙说,以至于"每个人必须自己背包"这句话后来在津德尔特广为流传,几乎成为一句谚语。

每个人必须自己背包! 每个人必需自己面对人生中的困难,自己解决,自己前行!

如此喜欢长途步行的文森特,在辍学之后,自然继续在家乡漫步神游。此时回到家的文森特15岁了,弟弟提奥在外地读书,文森特又开始了家与提奥学校之间的长途步行。时远时近,路程艰辛,但对于文森特而言,苦中有乐,且其乐无穷。

此时的文森特,长得比较魁梧,身宽和身高几乎相当。

他常常戴着一顶破旧草帽,一头凌乱纠结的红头发却不安分地四处飞扬。不知是在思考问题,还是在回忆某个令人痛苦或快乐的瞬间,他的表情总是在千变万化,令人觉得他是个古怪的孩子。也许思虑太重,也许他喜欢自己是个线条丰富的人,总之他满脸皱纹,像个老人也像个婴儿。少年老成的他,眉脊还是一如既往地隆起,那双特别坚定的小眼睛深陷在眼窝里,一会儿蓝一会儿绿,随情绪而变,不变的是让所有人一见难忘的深邃。因为他总喜欢观察地面,叩问内心,渐渐地养成了不正确的走路姿势:背脊略弯,总向前探着头,人们若没有注意到他的坚定眼神,远看还以为是个持重忧郁的中年男人呢。

就是这样一位看起来满腹心思的少年,这样一位思虑深

远的少年,从学校回家后,又开始出现在麦田旁,出现在故乡的小溪边,一如孩子回到了大自然父亲身边一样,开始了属于他们之间真正的交谈和拥抱。要知道,从童年开始,文森特就同大自然缔结了这样一种亲密、终生不渝的关系。在文森特看来,只有怀着爱心、带着善于观赏的眼睛,才是真正投身于大自然的怀抱。

后来,他投身于素描和绘画,当回忆起自己的童年时,他记下这样一段话:

> 许多风景画画家对自然的了解,不如那些从童年起就满怀激情观看过田野的人那么深刻。

当然,文森特并不是每一天都远行,那样的话,他就不能成为画家了,而成了运动健将马拉松冠军了。不远行的时候,他更多的是一个人待在家里或者村子里,或者一只昆虫旁边,或者一朵花身边。有时也在画布面前,或是发呆,或是自言自语,或是闭目神游。

有一次,他趴在家里的花园里看草上的光色变化,居然发呆发了整整一天!

在文森特的世界里,最神秘的莫过于阳光。阳光如同美妙的仙女,在草尖上在露珠上快乐舞蹈。她直射着,旋转着,疯狂但清醒地舞蹈着,只为让世界更玄幻!阳光还是个魔术师,他神出鬼没,忽隐忽现,一会儿明亮一会儿暗淡,只为改变世界的颜色!

阳光更是创造世界的上帝,他高瞻远瞩,占据世界的最高处,自上而下,生发出神秘的力量,只为创造这个世界!神秘的光线之下,小草不再是小草,它不断地变幻着颜色,草绿、苹果绿、蓝绿、甚至蓝色,像个得意忘形的小精灵,一会儿为自己的颜色而骄傲,一会儿被自己的影子所迷倒。

自我沉迷的小草、神秘莫测的光影,文森特完全被这个充满神性的世界吸引住了!他听不见妈妈呼唤他回家吃饭的声音,也看不到妹妹从身边走过冲他不停地做怪脸,他更感觉不到清晨已然远去黄昏悄然而至,他忘记了时间、忘记了身边的这个世界,他只知道一直如痴如醉地看着,只有在颜色与光影的盛宴里,文森特才感知到真正的世界。他总觉得大自然的生命中具有一种神秘的升华,他希望自己能将这一切挽留住。

在给提奥的信中,他反反复复地写道:他的绘画必须走向自然,实实在在的事物,远离现代的或历史的素材,根本没有火车站或者铁路,没有废墟,毫无想象的成分。

的确,文森特将他童年和少年的大部分时间给了大自然,而这一切是他一生的财富,取之不尽、用之不竭的财富。他的绘画日后所体现的,就是再现这些永恒的时刻,再次聆听和沉醉于大自然的深沉与神秘。

文森特非常留恋这些发呆的幸福好时光,但后来也不得不中断了。在家待了15个月后,16岁的文森特开始自己谋生了。

对他这样家庭出身的孩子来说,这么早辍学并走向社会,未免还是早了点。但文森特自小与众不同,固执倔强,认为走向社会去磨炼自己未尝不是一件好事。更何况,从童年起,他就具备超人的智慧,已然通过书籍和大自然培养了超越同龄人的思想。散步还有阅读,让远离家庭和学校的他自学成才,在更广阔的天空展现他自由和独立的思想。

① 文森特拒绝别人帮自己背包对吗?为什么?
② 文森特用了整整一天时间趴在草地上看光影变化,你觉得他是在浪费时间吗?为什么?

第七章　美丽的"海牙大学"

1869年8月1日，16岁的文森特结束了辍学闲居的日子，也结束了他的学生时代，进入巴黎古皮尔艺术公司海牙分公司，开始了艺术经营的学徒生涯。

古皮尔艺术公司的大股东之一就是文森特的伯伯，他只比文森特的牧师父亲大两岁，但头脑聪明过人，对于商业运作颇有野心，其事业蒸蒸日上，成为梵高家族里引以为豪的人物。不过，他身体不是太好，也没有继承人，自然对几个侄子另眼相待。当他看到文森特学业中断，便提议将他安置在古皮尔公司海牙分公司。文森特的父母欣然接受。文森特也不置可否，此时他并不知道自己的理想是什么，而且他也害怕自己成为"令家人脸红的儿子"，走上家族的传统之路未尝不是一条好的人生之路。

当年的海牙是个风景优美的小城。在它的街道散步，不一会儿就能进入小丘和树林。再往郊外走去,是大片清新而馥郁的草地牧场,在那里可以看到优雅运转的大风车、与阳光嬉戏的运河,还有辽阔蔚蓝的天空。而不远处,一座风景如画的小渔村斯海弗宁恩,浑身散发着宁静优美的气质。

风景优美,临近大海,这是文森特所喜欢的,也是古皮尔艺术公司海牙分公司的地理优势。这个公司比较气派,拥有一座四层楼的营业大厦,底楼的画廊采光丰沛,体面优雅、富贵尊严。营业大厦坐落在普拉茨广场一旁,广场紧邻着一道林木环绕的小湖,湖对岸是著名的莫里斯亲王宫邸,其中珍藏着15—17世纪北方画派的不巧名作,1820年命名为莫里斯宫皇家艺术陈列馆,对外开放,是北欧著名的艺术中心。

文森特最初在后台上班,协助各分公司之间的运转和流动,稍后就被提升到前厅工作。海牙分公司经理特斯蒂格,是文森特伯伯亲手提拔的,才24岁,仅仅比文森特大几岁。他年轻有为,风格开放,建立起公司自由进取的工作氛围,这对于涉世之初不谙事理,对人际关系笨拙迟钝的文森特十分有利。特斯蒂格聪明灵活,且具有天生的亲和力,自然明白要对董事侄子多加关照。他经常邀请文森特和公司其他职员到自己的家里做客,热情而有分寸,让客人们有宾至如归的温馨感受。文森特很喜欢和这个年轻的上司相处,也特别喜欢到上司家里做客,尤其喜欢特斯蒂格夫妇可爱的小女儿。

和上司建立了良好的关系,已经让初出茅庐的文森特信心增强不少。文森特自己也具备起点较高的艺术素养,毕竟他从小在大自然中长大,潜移默化之下已经积累了相当丰富的艺术感觉。再加上文森特朴素的天性,他对客户谦卑恭敬,耐心有加。种种这一切,让他在工作上如鱼得水游刃有余。没过多久,特斯蒂格就进一步提拔了文森特,让他负责照相复制业务,而这一新业务也很快带给公司以丰厚的利润。

文森特满意眼下这份工作,对艺术的热爱也与日俱增。节假日,文森特常常去阿姆斯特丹国家博物馆,那儿藏有海量艺术珍品,包括17世纪荷兰艺术、欧洲各流派作品、东方艺术和装饰;文森特还前往比利时的布鲁塞尔,参观一年一度的比利时沙龙,甚至兴致盎然地前往"比利时当代画家画展"。

在海牙,文森特开始了他持续终生的画作收藏。只要手头宽裕,他就会买下中意的艺术家作品。他还常常在信纸空白处随手速写、素描、构思草图,内容涉及公司的小湖、湖边的小路,海牙附近的运河等,虽然只是信手涂鸦,但已经显示出相当的才华和水准,可谓初露锋芒。

可以说,这是文森特走向社会的第一步,也是他一生中最幸福的一段时间,是命运之神最眷顾他的四年。

在海牙,古皮尔艺术公司拥有大量收藏、陈列、原作、复制品、印刷品等物品。因为工作需要,文森特频频地光顾和学习这些宝贵的资料,充分领略了艺术大师的风采。在各大师争奇斗艳的艺术瑰宝里,他特别钟爱的是米勒。

  米勒出生于一个虔诚的乡村基督徒家庭,自幼禀承浓厚的基督精神。他深谙农民的甘苦,热爱农民,同情农民,甘当农民。米勒画中多是麦田、农民和大自然,和文森特相似,在文森特看来,米勒让许多人打开了眼界,让艺术充满生活气息。可以说,米勒已经成为文森特的精神导师和绘画老师。文森特在海牙开始正儿八经地画画了,大部分是素描。他自己常常有些气馁,毕竟和他心目中的老师米勒的绘画水平差得太远。他清楚地看到,同样一个刨地的人,在米勒的画中,我们能看见镢头在翻土地,全身都在用力气,干活的农民膝盖都在颤抖。而自己长时间模仿米勒,费了九牛二虎之力画出一样在刨地的人,却显得软绵无力,根本在画面上表现不出人在用力的感觉,而那把本该生机勃勃的镢头,似乎也只是碰巧放在地上而已,没有参与劳动,只是一件无用的装饰。这离文森特自己想要表现出的沉重的劳动意图还差得远呢!不过,他还是坚持了下来。

  除了画画,文森特还特爱读书。他最热衷的事情是研究《圣经》,这是他的牧师父亲遗传的,也是儿时在家乡的教堂里耳濡目染的。《圣经》之外,文森特还广泛涉猎文学。文森特和几个书店老板都有亲密交往,时不时参加各种文学聚会。特斯蒂格同时也是书店老板,热爱文学,这更鼓励和支持了文森特的阅读。两人还常常一起为文学长谈交流。

  文森特因为熟练多国语言,阅读视野比一般人更开阔。海牙四年,他阅读了法国诗歌、历史和英国小说。他阅读过的作家有莎士比亚、狄更斯、乔治·艾略特、班扬、济慈、巴尔扎克、雨果、左拉、福楼拜、莫泊桑、都德、伏尔泰、波德莱尔、安徒生、托尔斯泰、歌德、海涅等。他喜欢的作品多以日常生活为题材，富于道德内涵，其中 H. 斯托的名著《汤姆叔叔的小屋》是文森特的挚爱之一，一生反复阅读。

完全可以这么说，在众多的艺术家中间，文森特无疑属于读书最多的人。他不仅自己爱读书，还喜欢不厌其烦地向其亲友推荐好书。

"……我对书本有一种说不清的不可抑制的热情……正如我要吃饭一样……"

在文森特眼里，观画与阅读可以相互参照，艺术和文学本是相通的。即便是今天看来，也没有几个人能像他这样，精准地把握艺术和文学，将两者如此有效地勾连，在文学与艺术的理解中，他找到了人生与信仰的意义。

"有许多事物，它们必然令我们相信和热爱。莎士比亚作品中有伦布朗的某种存在，米什莱著作中有柯勒乔的某种存在，雨果小说中有德拉克洛瓦的某种存在。我们还可以说，《福音书》中有伦布朗的某种存在，或者说，伦布朗画作总有《福音书》的某种存在——怎么都有共同的存在，只要我们给予正确的理解,避免错误的解释,不过分计较双方的对等关系,不自以为是地损害真实人格的价值。班扬书中有马丽斯或米勒的某种存在,H. 斯托小说中有谢佛尔的某种存在。

……对绘画作出了义无反顾的研究,却又认为书籍之爱与伦布朗之爱一样神圣——我甚至认为两者相辅相成。法布里迪尔斯的一幅男子肖像令我着迷……但狄更斯的《双城记》中西德尼·卡顿的形象同样如此……莎士比亚《李尔王》中的肯特与T·D·凯泽画中的人物一样高贵而卓越……天哪,莎士比亚的作品有多美!谁能有他那么神秘?他的语言和风格堪比艺术家狂热而激动地颤抖着、舞动着的画笔。不管怎样,我们必须学会读书,正如我们必须学会观看,学会生活。

……

如果有人真诚地热爱伦布朗的作品,那么,他就会从中发现上帝,会真切地相信上帝的存在。如果有人真诚地研究法国革命史,那么他也不会失之于不信,他会从伟大的事物中看到证明自身的最高力量……伟大的艺术家和严肃的文学大师创造了伟大的作品,不是一幅画,就是一本书,告诉我们真实的意义,我们应该努力领悟,这样的努力是通向上帝之路。"

没有广泛的阅读基础,没有深刻的文学领悟力,没有在艺术长廊长期浸淫揣摩、日积月累的过程,是不可能写出如此绝妙智慧的通感文字的,这些文字里面藏着巨大的才华,更藏着巨大的思想。

因为有着文学与艺术的双起点,文森特的工作更上一层楼。他利用自己的艺术敏感度和文学穿透力,能快速准确地看到艺术作品里更深刻的含义,同时善于用细致的语言表达出来,传递他的领悟和感动,带领顾客去欣赏艺术作品。

顾客来到古皮尔艺术公司,很快都会找到他,簇拥到他的周围,听他滔滔不绝地讲授作品体现的艺术渊源和鉴赏价值。他已经成为公司里最好的售货员,他能给有意购画者提供足够的知识介绍,让即便是那些带着艺术虚荣心来购买绘画的顾客,也能有兴趣倾听他丰富生动的作品介绍。毕竟,这些虚荣的客人把画买回去挂在客厅里之后,还要用自己的语言去炫耀这些作品的。

公司里还有些画家经常来,他们大多数是来购买绘画用品的。文森特很主动地去攀谈,不遗余力地介绍各类新用品,开心地结识了不少画家。文森特懂得绘画又知晓文学还能大谈大自然的种种趣闻,口若悬河的他简直就是大家眼里的艺术家、文学家、科普学家,画家们不免对他刮目相看,都愿意和他交流,有的甚至邀请他去自己的画室,请他评价自己绘制中的作品。

海牙四年,文森特获取了绘画知识,也学到了支持绘画的文学知识。他能用三种语言阅读,经常逛书店,从某种意义

梵高传

上来讲,这几乎可以算是文森特的四年"海牙大学"。当然,他并不是一个纯粹的"大学生",即使他善于自学,无师自通。

工作顺利,生活平和,还有艺术、文学和《圣经》相伴,总的说来,这是文森特一生中最愉快的时光。

在一份有关文森特会多种语言销售资质的报告呈送到古皮尔艺术公司的最高层之后,文森特的命运开始了转变。

文森特的伯伯认为自己的眼光独到,把文森特视为他的继承人。文森特的父母非常高兴,觉得从小就显示天才的儿子马上就要大放异彩了。大家决定把这个年仅20岁的青年派出国,到伦敦公司上班。文森特可以说是闪电般升迁,而提奥则被调往海牙接替文森特。

海牙被文森特认为是他的第二故乡。他离开海牙去伦敦前,写信给提奥说:

"你无法知道这儿所有的人对我有多好,你可以想象,要离开这么多的朋友,我心里多么难过。"

① 文森特对于阅读的强烈爱好为他的绘画生涯带来了什么好处?

② 文森特阅读内容宽泛驳杂,你觉得这样好吗?你的阅读习惯是什么?

在叔叔开的巴黎古皮尔艺术公司海牙分公司,梵高开始了艺术经营的学徒生涯。因为有着文学与艺术的双起点,梵高工作得很出色。他利用自己的艺术敏感性和文学穿透力,能快速准确地看到艺术作品里更深刻的含义,同时善于用细致的语言表达出来,传递他的领悟和感动,带领顾客去欣赏艺术作品。顾客来到古皮尔艺术公司,很快都会找到他,簇拥到他的周围,听他滔滔不绝地讲授作品体现的艺术渊源和鉴赏价值。

名家名言

为了工作,为了成为艺术家,一个人需要爱。至少,要使他的作品不缺乏感情,他首先要自己感觉到这一点,并且要爱工作、爱生活。

名家名言

我总是全力以赴地画画,因为我的最大愿望是创造美的作品。

第八章 一生一世好朋友

文森特离开海牙之前,文森特的伯伯让提奥看望过他一次,当然更主要的是要来提前熟悉以后的工作环境。

兄弟俩见面分外开心。文森特先问候了父母的情况,然后问提奥:"你喜欢马上要做的工作吗?"

提奥不置可否,他的学业马上就要完成了,对于未来他还是比较模糊的。

文森特已经在海牙待了差不多四年,四年的"海牙大学"让他受益匪浅,他对即将进入这个行业的提奥说:"提奥,记得我们小时候经常一起去散步吗?你要记住,工作以后别丢了这个好习惯。你要继续散步,更加热爱自然,因为这是真正学会越来越理解艺术的方式。画家们,他们就理解自然,他们热爱自然并教会我们如何欣赏自然。"

文森特滔滔不绝,叮嘱着自己的弟弟。

提奥频频点头,他可是打小就跟着哥哥,对文森特可谓

推崇备至。他想起了什么,有些腼腆地对文森特说:"我还记得我们今年夏天的那场散步呢,我想我永远都会记得的。"

提奥说的是当年的夏天,文森特回家探亲,恰逢在外地念书的弟弟提奥回家度暑假。提奥那时已经15岁了,读书这几年和哥哥见面甚少,见到文森特自然激动万分,兄弟俩拥抱了很久。

接下来的那几天,附近的农民常常看到这样的景象:一个粗壮矮小结实的男孩和一个瘦削修长文弱的男孩亲密地在麦田里来回散步,好像有谈不完的话、说不完的事。人们更多见到的是矮小的哥哥手舞足蹈,有时情绪激动、满脸涨红,而修长的弟弟则一直温文尔雅,即便有时声音稍高,但情绪一直淡定从容。有时兄弟俩都不说话,只是沿着麦田默默前行,这个时候,大多数都是哥哥陷入某种莫名的冥想状态,缄默不语,他进入了变化莫测的自我世界。不管怎样,兄弟俩一起肩并肩显示出的和谐让父母颇为欣慰,也让故乡的亲朋倍觉温馨。

有一天,在老运河附近的雷斯维克路,两人长时间漫步交谈,给文森特留下了终生难忘的记忆。

那天出发的时候,风和日丽,阳光一如既往地在文森特面前舞蹈。文森特拉着提奥沿着他们小时候常常去的那条小道,绕过教堂外的相思树,提奥还调皮地对着喜鹊窝用口哨吹了一曲,听得文森特哈哈大笑。

兄弟俩沿着麦田向雷斯维克的方向走去。一路上,大多数时间都是文森特口若悬河,自问自答,大谈特谈他在"海牙大学"的收获。

"提奥,米勒的画你喜欢吗?我太崇拜他了,如果他能做我的老师就好了,要知道我和他一样,都喜欢农民,喜欢麦田……

"提奥,你看过《汤姆叔叔的小屋》吗?你没看过一定要去看看。汤姆叔叔的故事太让我感动了,我觉得每个人都应该有他那样的好心肠,不过他运气却那么糟糕……"

"提奥,你去过阿姆斯特丹国家博物馆吗?你一定要去,经常去。我在那里看到的画都是绝世之作啊……"

文森特只恨路太短、时间太少,他多想把这近四年在海牙学到的想到的统统告诉给弟弟啊!如果能够像提奥吹口哨那样,吹一曲就把所有的想法都吹出来,他会立刻噘起他的嘴巴,虽然他最怕吹口哨了。

提奥一直认真听着,时不时看看文森特被风吹起的红头发,心想:我的哥哥太有才华了。

走到雷斯维克路上的磨坊时,天公不作美,居然下了一场凉爽的雨。文森特这才停止了演讲,拉着提奥坐下来,一起喝牛奶。他一边喝一边笑,看着提奥:"回去路上,该轮到你说了。我说太多了,怪不得这么口渴。"

提奥也笑了,对着文森特眨了眨眼:"我喜欢听你说的,只是听得我也口渴了。"

喝完牛奶,两人又继续上路。这时候,提奥也开始热情地交谈。他们一起谈海牙,谈世界和未来。两人性格虽不同,却有着同样超人的理解力,对于艺术有着高度的敏感性。若不是时间太晚,他们真想歃血为盟呢。不过他们还是以温和坚定的语言发誓:

> 天生注定好兄弟,一生一世好朋友!无论发生什么事,都不离不弃。

那年文森特19岁,提奥15岁。

提奥走后,文森特非常想念他,很快就开始写信给提奥,"雷斯维克这条大道,也许是唤起我最美好回忆的地方之一。有朝一日,我们俩能够促膝谈心了,再说说那时候的事!"

兄弟两人之间持续终生的通信自此开始,从生活到工作,从艺术到文学,无所不谈。

后来,维森布鲁赫的《雷斯维克路》被文森特用来装饰寓所,成为兄弟之情的见证。这次海牙聚会,可谓生死与共的兄弟情义的开端,此后两人一生不渝、永不背叛、相互支持。

① 文森特与提奥的感情恒久深厚,他们为什么会拥有这么美好的感情?

② 你有哪些好朋友?你又是如何维护自己的友情和亲情呢?

第九章 你这个红头发的傻瓜

在从海牙去往伦敦的路上,文森特路过了巴黎,他特意跑去参观了卢浮宫和卢森堡宫的画展。从古代艺术品到当时的主流绘画,他什么都看,如痴如醉,流连忘返。此间,他还抽空去考察了古皮尔艺术公司的旗舰店:巴黎母公司。公司规模很大,画廊宽敞大气,文森特为之神往,不免内心自得。能在这样的大公司工作,只需努力,必定前程远大。年轻的文森特免不了信心满满,他给提奥写信的字里行间都是志得意满,充满了对未来的美好憧憬。

离开巴黎后,他先坐火车再换轮船、再坐火车,终于来到伦敦,找了家公寓安顿下来。

公寓里住了三个德国人,都十分热爱音乐,夜晚聚在一起弹琴唱歌。文森特非常喜欢他们,常常和他们一起出门一起散步。伦敦到处都能见到漂亮的园子,园中高树林立,还有茂密的丛丛灌木。在适当的季节,还能看到芳香四溢的紫丁香、木桃和盛开的金莲花。园子里空气清新,游人闲庭信步,一切安宁祥和。但这样的日子没过多久,文森特就搬家了。因为德国人生活严谨,作息太有规律,这让散漫惯了的文森特受不了。还有一点,也让文森特受不了,公寓的房租要一周18先令,还不包括洗衣费。这意味着他需要节制地吃面包和喝咖啡。

文森特搬进了一位法国牧师的遗孀家中。这位太太和她的独生女一起生活,将自己的房子出租一部分。女儿名叫厄休拉·洛耶,19岁,大大的眼睛,细嫩的鹅蛋脸,柔和的肤色,娇小苗条的身材,很有意思的是,她的神情和文森特有着类似的坚定。厄休拉对文森特很友善并且很热情,他们相处得很愉快。这位19岁的少女深深地迷住了情窦初开的文森特,他甚至温柔地给她取了个称号:娃娃的天使。文森特感觉自己已经开始恋爱了。

因为内心爱着厄休拉,文森特内心滋生了要事业成功、要博得爱人好感的强烈愿望。厄休拉的活泼和热情不知不觉地影响和改变着他,文森特慢慢变得随和,甚至有些幽默。他在公司里和同事们打成一片,一起度过了许多美好时光。

因为厄休拉,文森特在公司里干得相当出色,他平均每天要为古皮尔艺术公司出售50张画片,公司的老板奥巴赫先生非常欣赏他。虽然文森特更喜欢油画和铜版画生意,但是看到售卖画片能为公司赚这么多钱,他也感到由衷的高兴,最主要的是他觉得这样也会让他的厄休拉高兴。

哦,厄休拉,文森特一想到这三个字就觉得心尖都在颤抖,他无时无刻地不想着这位可爱的"娃娃的天使",她的微笑、她的嗔怒、她的举手投足,她是给自己带来春天的维纳斯啊!

在遇见厄休拉之前,文森特还从来没有爱过一个姑娘,甚至从来没有正视过一个姑娘,没有与异性一起深入交往过。现在如此美妙动人的姑娘天天在眼前,而且还关心他、照顾他,这不是恋爱是什么,这不是最神圣的初恋是什么!

被初恋的温度烤得炙热的文森特完全没有去调查清楚厄休拉的状况,他一心想着和厄休拉结婚,因为他是那样地爱厄休拉,认为只有厄休拉能成为他的妻子,才能让他幸福。他找了个适当的机会向厄休拉表白了自己的爱情。

"厄休拉,你需要知道一件事,不过我想你已经知道了。"

文森特有些紧张。

"什么事情,梵高先生?"

厄休拉好奇地看着他。

"我全心全意地爱你,我想娶你,这样我们会很幸福。"

"娶我?"厄休拉有些吃惊,更有些惊慌失措。

"噢,梵高先生,那是不可能的!"

文森特听了,如五雷轰顶,但又不甘心,他想是不是他听错了,热恋中的他有些语无伦次。

"厄休拉,是不是我还不够优秀,我赚的钱还不够多,可是,你要相信我,我……"

"你怎么会不知道,我在一年前就已经订婚啦。"

这个消息比被拒绝还要令人痛苦,文森特木然呆立。

看到厄休拉快要走开,文森特把理性和谨慎都抛到了九霄云外,猛然抱住她,并疯狂地吻她。

"厄休拉,你不可能爱他,我从来没有见过你什么未婚夫。你是爱我的,做我的妻子吧。我不能失去你!"

"做你的妻子!怎么可能!"厄休拉叫了起来。她挣脱身子,转身往回跑。边跑边大声喊:"你这个红头发的傻瓜!"

阅读思考

① 美好的爱情给文森特带来了什么改变?为什么?
② 被厄休拉拒绝的文森特是傻瓜吗?他不应该表达自己的爱情吗?

第十章　我不想离开古皮尔艺术公司

　　7月的假期到来,即便文森特得到的是厄休拉的拒绝,他还是不愿意离开伦敦去度这两周的假,他太爱她了,或者毋宁说他太爱自己的爱情了,他渴望得到厄休拉,渴望得到爱情的滋润。但是,厄休拉的未婚夫要来伦敦了。厄休拉的母亲不希望自己的女儿受到骚扰,也不愿意女儿的婚事受干扰,她开始不友好地对待文森特,并劝他另觅住处。

　　厄休拉开始远离、冷落文森特。文森特几个星期都是夜不能寐,茶饭不思。他经常发呆,偶尔神经质地苦笑几声,精神游离。这种状态影响到了他的工作,他在画廊的销售额大幅度下降。他紧绷着脸,将痛苦摆在脸上,对待上司和同事都是冷冰冰的。没有了厄休拉的爱情,工作和生活于他已毫无意义。他又重新回到自己的封闭世界里,变回到那个在乡野之间孤独乖僻、郁郁寡欢的少年。

最终,文森特还是回到老家度假了。母亲安娜一直在家里守候着自己宝贝儿子的归来。一见到文森特,她就慈爱地把儿子抱在自己胸前。

"我亲爱的儿子,我的文森特,你长高了。"

面对自己最爱的母亲,文森特依然无精打采,沉默不语。

聪明的安娜知道自己的孩子生活出了状况。

安娜忧心忡忡,她观察着文森特,看到他的眉头皱起来自己也不禁蹙眉,听到他的长吁短叹自己不禁也唉声叹气。过了一天,她坚强开朗的个性唤醒了自己,"我这是怎么了,我可是文森特的母亲啊,他现在有困难,我怎么也跟着一起痛苦,而不是帮助这个可怜的孩子呢。"

安娜开始苦思冥想,如何才能帮助孩子度过人生的难关呢?

"有什么不对头,文森特?"当天晚上吃过晚饭后,她问。

"亲爱的孩子,你的气色看起来不是太好啊。"

文森特盯着碟子里的土豆。

"没有,"他说,"妈妈,我没什么。"

"你喜欢伦敦吗?喜欢伦敦的工作吗?"一边静观的父亲突然问。

"如果你不喜欢伦敦,我就对你伯伯讲,我想他会调你到巴黎去的。"

文森特很不耐烦,"不,不,不必!"他高声回答,"我不想离开伦敦,我……"他抑制着自己,"文森特伯伯要调我的话,我相信,他自己会想到的。"

"那就随你便吧。"父亲吃了块土豆。

"文森特,你在信里说,你渴望回到家乡。你以前不是说特别喜爱伦敦,是不是在伦敦发生了什么事情?你不想和我谈谈你的故事吗?"爱子心切的安娜终究是忍不住,问了一连串的问题。

文森特没有在餐桌上回答母亲,但是他知道通晓一切的母亲已经知道他的初恋故事了。

此时津德尔特呈现的正是秋天萧瑟的景色。附近的荒原上长着松树和橡树林,水塘星罗密布,却孤清阴冷。文森特独自一人带着自己的画板在田野里游荡。

他画了一些速写,有花园、有水塘,还有从住屋窗口望见的星期日午市以及房子前门等景色。只有投入到画画中,他才会忘记厄休拉。现在也只有画画能让他偶尔振作一下。

父母看到文森特如此颓废沮丧,不免开始为他的未来未雨绸缪。父亲虽然从小看到儿子的绘画天赋和执拗个性,但内心还是希望自己的大儿子能继承他的衣钵。

这一天,他们同去探望一个生病的农人,回来放弃驾车,两人开始了又一次徒步。

夕阳下的松林异样柔美,黄昏在水塘的倒影也有些娇羞,父子俩肩并肩走着,这一刻很是温馨。

"你爷爷是个牧师,我也是个牧师,文森特,有没有想过你也能继承这个圣职?"

"我还没想过要换个职业呢,虽然我很热爱《圣经》。"

"我是这么想的,你自己考虑考虑。如果你也愿意,你可以到阿姆斯特丹去读大学,那里有我的朋友斯特里克牧师,他愿意指导你的学习。"

"那我不是要离开古皮尔艺术公司?"

"哦,那确实是。如果你现在不想待在那儿,那里让你不愉快的话。"

"我懂得。可是我现在不想离开古皮尔艺术公司。"

父子俩内心都清楚,文森特离不开的不是伦敦,是厄休拉,是他还不死心的爱情。

离家赴伦敦的那天,文森特的父母亲自驾车送他到火车站。

"妈妈,我要搬个地方住了,新的写信地址我会及时告诉您的。"文森特的声音柔和,似乎又恢复了一些生气。

安娜看到文森特开始振作的样子,很激动,她抓住儿子的手。

"孩子,我很高兴你离开现在住的地方。你会找到更好的住处的。别不开心,我亲爱的。世界上的好姑娘有很多,以后等你的生活比较安定一点,找个荷兰好姑娘,对你将更有好处。你喜欢的那个女孩,妈妈知道她很好,可是她不属于你。忘了她吧,孩子。"

① 受到爱情打击的文森特为什么要回到家里、回到妈妈身边?

② 文森特是否要听取妈妈的意见放弃对厄休拉的追求?为什么?

第十一章　我现在一幅画都不想卖给你

　　回到伦敦，文森特另外在肯辛顿新路租了一套房间，房东是个老妇人，喜欢很早就休息，所以房子里总是寂静无声。文森特不再出去逛博物馆，也不参观艺术展览，他只把自己锁在房里，独自一人，要么画画，要么读书，要么写信，在与人隔绝的文字与颜色里抵御失恋痛苦的煎熬。

　　痛苦使文林特变得敏感自闭，也让他更倔强和果敢。他似乎开始有足够的时间面对自己真正的内心，面对他此时的生活和工作。没有了世俗目标的羁绊，他自然开始对世俗的人际交往嗤之以鼻。他不再对低俗顾客哗众取宠，也不再对廉价艺术品阿谀奉承，他只遵照他内心高贵的艺术水准去选择作品。他认为，只有表现出艺术家痛苦的作品才算得上是真实、深刻的。当顾客征询他对某幅画的看法时，他会毫不迟疑地说出那幅画是如何如何糟糕，顾客肯定也就不会购买了。

10月的一天,有一位贵妇来到古皮尔公司,想买许多画去布置房间。这是一位胖太太,穿着花边高领、高胸衬衫、黑貂皮外衣,戴着蓝羽饰的天鹅绒圆形帽,一走进店,就趾高气扬,对着文森特颐指气使。

"把你们这里最贵、最好的画都给我拿来看看吧。"贵妇人坐在沙发上,跷着二郎腿,欣赏着自己艳红逼人的指甲油。

文森特耷拉着脸,把他最热爱的著名画家的作品都搬出来了。有伦勃朗的版画和威尼斯水彩风景画的复制品等。

望着眼前的这些艺术珍品,贵妇人上下打量了一下,摇摇头说:"不,不,我要的不是这样的。这都画的什么啊,颜色混乱,主题不清。我要的是绚烂的高贵的,有钻石光彩的绘画!我要挂在我的客厅里,让我家成为卢浮宫!"

文森特狠狠地盯了贵妇人两眼,恨不得在她的红指甲上画上一头肥猪!他忍了忍,随即又去搬来自己珍爱的塞·马里斯的一些石版画以及柯罗与杜比尼重要作品的照片。

贵妇人用她的红指甲拨弄了几下,眼皮上翻着说:"哦,上帝啊,这都是些什么东西啊!这是艺术品吗?!这不会是从哪个小卖部里捡回来的吧。我不需要这些。难道赫赫有名的古皮尔公司就没有几幅像样的珍品吗!"

文森特忍了又忍,只好让她自己去挑选。她左摇右晃,故作深沉,最后挑了一幅自己认为满意的画。她来到文森特面前,摆出一副自负的神气嚷道:

"看看我挑选的,眼光独到吧。"

"夫人,如果你闭上眼睛随便换一张,"文森特停了一下,接着说,"也不会比这更坏。"

"什么!"她失声说,"噢,你这个…这个…乡巴佬!"

她暴跳如雷,天鹅绒帽上的长长饰羽前后抖动着。

望着这个浅薄无知且固执己见的女人,文森特觉得自己的忍耐到了极限,他忍无可忍地大声对着贵妇人说:"夫人,你想要的我们这里没有。我这里有的,我现在不想卖给你!"

贵妇人一听,脸红得比指甲还红,一会儿又紫了,她掰开自己的二郎腿,气呼呼站了起来,几乎是咆哮着嚷道:

"你知道你和谁在说话吗?!你一个小喽啰,居然敢这样和老娘我说话。你等着,你不卖画给我,那我就去把你们古皮尔艺术公司都买下!"

最终两人面红耳赤,大吵一通,明显贵妇人的声音分贝和动作幅度要占优势,但文森特语言犀利,一针见血,时不时置贵妇人于尴尬之地,这场架两人吵了个平手。在场的同事看得心惊肉跳,都知道文森特闯大祸了,但还是有人暗中为文森特叫好。谁让这些有钱人低俗不堪又不尊重别人,文森特如此勇敢,颇有英雄大丈夫的气概啊!

文森特做了英雄,公司老板奥巴赫先生却不得不做狗熊,不仅这笔大买卖没有做成,他还要没完没了地给那位有背景的贵妇人道歉。

奥巴赫觉得自己倒霉透顶,摊上了这样的职员,又是老板亲戚。愤怒之余,他找来文森特。

"我亲爱的文森特,"他尽量平复自己的情绪,压低声音

一天,有一位贵妇来到古皮尔艺术公司,想买许多画去布置房间。这位胖太太对梵高给她推荐的名画都不满意,还一副趾高气扬的样子。梵高觉得自己的忍耐到了极限,他大声对着贵妇人说:"夫人,你想要的我们这里没有。我这里有的,我现在不想卖给你!"

名家名言

我的作品就是我的肉体和灵魂,为了它我甘愿冒失去生命和理智的危险。

名家名言

不少画家害怕空白画布,他不知道,空白的画布也害怕那些敢冒风险、真正热情的画家。

说,"你到底想怎样?你把这星期中最大的一笔生意毁掉了,而且你还侮辱了那位夫人!"

"奥巴赫先生,我想问您一个问题。"

文森特把那妇人挑中的图画往旁边推开,眼神深邃地看着老板。

"你觉得,你觉得这幅画怎样?"

奥巴赫瞥了一眼,没有吭声。

"如果一个人的一生,是为了将非常蹩脚的图画卖给非常愚蠢的人,你觉得他是在为那个愚蠢的人的人生负责,还是在为自己的人生负责?"

奥巴赫沉默着,不想回答,当然文森特也没打算等待他的回答,他旁若无人地继续发布自己的看法。

"我们怎能靠出售毫无价值的东西来牟取暴利呢?奥巴赫先生?为什么只有那些富人,那些没有艺术感觉的粗鄙愚蠢的富人,才走进我们的店呢?是他们的钱让他们变得如此虚荣自大、麻木不仁吗?那些真正能够鉴赏优秀艺术的穷人,却为什么没有一个人来为他们的墙壁买一幅画甚至一张印刷品呢?这是为什么,您能告诉我吗?"

奥巴赫无言以对他面前的这个"疯子",他警告文森特,他要写信告诉文森特的伯伯,让他把文森特调到别的公司去,他不想听他的高谈阔论,不想自己的店毁在文森特手里。

还没等奥巴赫写好信,文森特再次闯祸,彻底让老板对他绝望了。

圣诞节前夜,文森特抱着最后一丝希望又去见厄休拉,结果吃了闭门羹。第二天,文森特没有和公司任何人交代,不辞而别回荷兰了。

要知道圣诞节可是古皮尔公司一年之中最忙的时刻。奥巴赫气急败坏,立刻写信给文森特的伯伯,历数了文森特和顾客吵架以及擅自离职休假的罪证。文森特的伯伯当即决定将他的侄子安置在巴黎夏普塔尔路的中心陈列馆。可没想到的是,一直被伯伯委以重任并被亲人看好的文森特,居然拒绝了并表示不想再继续从事美术商业的工作了。文森特的伯伯听到这个消息后伤透了心,但善良的他最终还是作保给文森特在多德雷赫特的一家书店谋到个店员差事。可以说,他对自己的这个侄子已经是仁至义尽了,文森特的人生以后怎么走,他不想再管了,也没法再管了。

文森特在多德雷赫特只待了将近四个月,他的内心一直忘不了厄休拉,做任何事情都提不起精神,他处在人生最艰难的时期。

① 文森特没有把画卖给贵妇人,是不是很"傻"?
② 文森特"任性"地丢掉了自己的第一份工作,你觉得可惜吗?为什么?

第十二章　再次背上自己的背包

总想挽回爱情的文森特,通过英国报纸的招聘广告,找到了一个在拉姆斯盖特当教师的工作。那个港口城市离伦敦很近,只有四个半小时的火车行程。

第一个星期六的清晨,文森特从拉姆斯盖特出发,步行去伦敦。那是一段很长的路程,天气很热,傍晚的时候,暑热尚未消散。最后他抵达坎特伯雷。他坐在这座中世纪教堂周围的古老树木前休息。眼前出现了厄休拉那活泼的身影,不禁黯然神伤。休息了一会儿,他继续向前走去。到了晚上,他在林中找了个栖息之地,只睡到凌晨四时就被鸟唤醒了。

醒来的时候,他有些恍惚,以为是厄休拉叫醒了自己,迷迷糊糊地就出发了。走了好一阵,才发现自己走错了。

黄昏日落之前,已经筋疲力尽的文森特终于看见了熟悉的伦敦郊区。他不顾疲劳,鼓舞斗志,兴致勃勃地朝厄休拉家的房子走去。

厄休拉一看见他就把门关了。文森特也来不及伤心,赶紧往回走。因为不这样,他星期一早上就会迟到。

几乎每个周末,他都想徒步到伦敦去,可是他发现,要在星期一早晨及时赶回学校上课是很困难的。有几次,他从星期五走到星期六深夜,刚刚赶上看到厄休拉在星期日早晨从家里出来,上教堂去的途中,他远远地看

着厄休拉的背影,心满意足,心想:只要我还能看见厄休拉,爱情就一定还在那里,不会消失。

文森特没有钱买食物和夜宿客栈,所以冬天一到,他就得挨冻。当他在星期一早晨回到拉姆斯盖特的时候,总是身冷肚饥,筋疲力尽。足足一星期后方能渐渐恢复过来。

几次近乎苦行僧的长途步行之后,文森特感觉身体有些吃不消了,后来他再也不敢太密集地长途跋涉了。

在学校教书未免枯燥,但对于这个失恋痛苦的年轻人来说,不啻是一种最好的解脱,而文森特此时也有足够宁静的时间重温童年。他总是把所有的空闲时间用来亲密接触大自然。

他会经常和校长去爬山,山坡上长满黄杨树和橡树,风

吹过树林时让人想起故乡。他还在花园里种上罂粟花、香豌豆和木樨草,有时看着盛开的花朵发呆,有时则画出它们。此外,文森特经常带着孩子们去海边用沙子垒要塞,这是他和提奥小时候经常玩的游戏。

有一次,文森特和孩子们在海边遇到了一场暴风雨。文森特让孩子们躲到安全地带,自己则恋恋不舍地站立在开阔的地方仔细观察。

靠近岸边的海水泛起黄色的波涛汹涌而至,远处的地平线上则出现一条光带,光带上方是浓重的乌云,乌云泻下倾盆大雨,泼在大地上。而最让人印象深刻的是,此时在雨中忽隐忽现的远方小镇。小镇里有炮塔、磨坊、石板屋顶房,以及哥特式建筑,一切在雨中自有平时所不见的一种魅力。这让文森特想起丢勒铜版画中经常出现的城镇。

就在同一天晚上,因为兴奋睡不着的文森特发现房间的窗口有颗特别的星星,这是他以前没有看到过的。从窗口可以看到房顶和榆树树冠,在黑空下显出一种诡秘的黑黝黝。就在屋顶和榆树的上方,悬着一颗特别明亮的星星。文森特感到特别震撼,他特意写信告诉提奥:"提奥,那真是一颗特别的星星,一颗孤单、美丽、友爱的大星星。我没法忘记这样的夜景。"

提奥知道,这颗星星使他的哥哥想起了家乡,想起了父母和弟妹,还有他自己。

任职两个月,文森特却没有拿到薪水,不过学校终于要搬迁到伦敦附近的艾尔沃斯了。文森特欣喜若狂,又能见到伦敦,又可以见到厄休拉了!欣喜之下,他决定再来一次长途跋涉!他准备先去看望他朋友的父母,再去看望他妹妹安娜。这次的路途更远,要一直走到韦林。全部行程加起来是160公里!

文森特还是在早晨出发,一直走到傍晚,抵达了坎特伯雷,参观了大教堂,又接着赶路,走到一个小水塘附近,有几棵大树,是山毛榉和榆树,文森特就在那里休息了。到凌晨3点钟,他再次被鸟鸣唤醒,于是又上路了。中午时分,他到达查塔姆,沿着泰晤士河岸走到伦敦市区,傍晚去看望了朋友父母一家人。主人极力挽留他过夜。第二天,他去拜访他曾写信求助过的一位牧师,一无所获。然后他又从伦敦出发,走到韦林看望他妹妹。

他又重新变回了那个"只能自己背包"的少年,哪怕身体受伤,哪怕内心痛苦,也只有自己面对漫长的道路。行走,行走,不停地行走,路才可能真正向前延伸。

几个月后,他离开了学校,谋求到了艾尔沃思一位叫琼斯先生的监理会学校中的职位。琼斯先生是一个大教区的牧师。他雇佣文森特当教员,但很快就让他去乡村当了牧师。不久,好心的琼斯先生又决定给文森特一个机会,让文森特在特恩海姆格林教堂宣讲,因为那里教徒众多,又爱挑剔,如果文森特能在那里宣讲成功,他就具有到任何一个讲坛上布道的资格了。

文森特没有让琼斯先生失望,他热情洋溢地讲述着。他的年轻、他的激情、他那蕴含在笨拙举止中的力量、他那饱满的天庭和那双聪明的眼睛,给教徒们留下了极好的印象。

他成功了,他要让厄休拉同自己分享这份快乐,他又步行到伦敦,来到厄休拉家,他兴奋不已。

但是,厄休拉家热闹非凡。厄休拉和她的未婚夫正在举行婚礼!

文森特的心彻底破碎了。匆忙回到艾尔沃思,收拾行装,文森特永远地离开了英国。

① 文森特喜欢重复那些类似苦行僧式的长途步行,是不是很傻?为什么?
② 你觉得文森特的长途步行是为了锻炼意志、拯救感情还是释放痛苦?或者你认为还有其他更重要的原因?请简单分析。

第十三章 你不能让我做梦就做梦

这次演讲的成功唤醒了文森特对于宗教的热情。他从小在父亲的耳濡目染之下,对于上帝自有一份异样的情感,而他发自内心的虔诚也让他一直对苦难抱有宗教般的救赎情怀。

文森特的父亲知道儿子准备投身宗教后便开始为他寻找出路,他让文森特先去阿姆斯特丹的亲人那里学习,然后让他去神学院学习,为他正式走向牧师的道路想办法。

1877年5月,文森特来到荷兰的阿姆斯特丹。他的叔叔约翰尼斯·梵高中将是荷兰海军的最高首脑,文森特到阿姆斯特丹后就住在他叔叔的官邸里。文森特的姨父斯特里克是阿姆斯特丹著名的牧师,他为文森特聘请精通古典语言的学者曼德斯·德科斯塔做他的拉丁文和希腊文教师。

文森特在斯特里克姨父家见到了姨妈和表姐凯,凯是个美丽迷人的少妇,端庄、典雅、忧郁、文静,她比文森特大两岁。文森特一见到她就爱上了她,但是凯有个很体贴的丈夫沃斯和一个可爱的儿子简。虽然文森特没有办法和凯在一起,但这至少把他从对厄休拉的绝望爱情中拯救了出来。

文森特开始刻苦学习,他想尽快学会拉丁文、希腊文、代数和语法,然后进入大学,成为一名牧师。可是才10多天,他就开始泄气了,不过他没有放弃。为了好好学习,他有时会采取悬梁刺股的体罚方式。有一次,他用一根木棍捶打后背。还有一次,他故意晚回伯父家,在吃了闭门羹后就直接睡在外面的地上过夜。但是,一年过后,如同小时候一样,文森特还是不适应这种规规矩矩、按部就班的传统教育。他对自己渐渐失去信心,认为自己不适合去做那种大学培养出来的、学者式的牧师。

虽然枯燥的学习让人感到煎熬,文森特还是不忘敏锐地观察周围,并时不时画出几幅令人惊喜的作品。他常常去找寻廉价的版画,经常出入犹太居民区。

有一次,他瞧见一大间用作储藏食品的昏暗房子,门大敞开,来回奔波的穷人在门里门外穿梭着。这一幕看似寻常的画面,他却产生了异样感受。他认为这实在是一幅难得的画面。

"在那拱顶下面,在那黑暗中,一些人来回奔忙,身上镶带着光。这是寻常的景象,每天都能见到,但是有时候,日常所见的事物让人产生一种异乎寻常的印象,似乎换了一个样子,有了一种深刻的含义。"他对提奥这样说。也许他还不明白为什么自己总是注意那些平常的景象,甚至就连深刻的含义也不是很确定和清晰。但是这种超常的敏锐感恰恰就是一个艺术家最宝贵的品质。

没有人还在记挂文森特从小显示的绘画天分,父亲也不记得了。当他得知文森特的学习计划再次受挫之后,心急如焚。一筹莫展的他情急之下向远在英国的琼斯牧师求救,善良的琼斯立刻赶来,两人一起商量后安排文森特到布鲁塞尔的福音传道学校学习。学校是免收学费的,学制是三年,非常适合文森特。学校里有个叫皮特森的牧师,似乎很欣赏文森特的外语能力,在他的帮助下,文森特顺利入校。

父亲也许忘记了文森特小时候为了观看蜻蜓挨祖母巴掌的事情,他不知道,自己的孩子是个特别的孩子,他永远无法待在一个循规蹈矩、制度森严的学校里学习。作为父亲,他只想自己的孩子通过正规的教育谋得正当的职业,可是,文森特只想忠实于自己的内心。

公正地说,学校里的规章制度并不是特别严格,毕竟作为一所福音学校,一些清规戒律还是必要的,只是文森特是大自然的孩子,是麦田和原野的儿子,他根本就不该被困在学校这种地方。

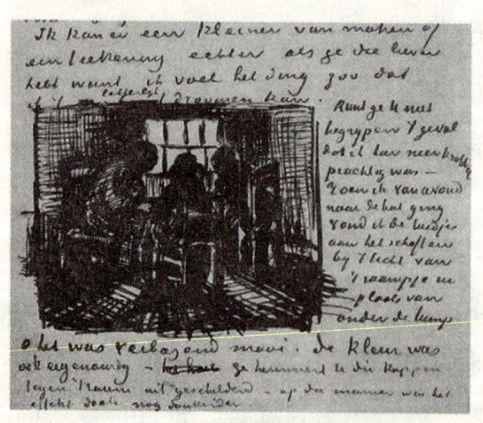

可怜的文森特没

法安静地待在课堂上。他拒绝正襟危坐地坐在课桌后面,拒绝吃饭固定座位,拒绝按照铃声时间去就寝睡觉。上课时,他像农民或工人那样蹲在地上,把书本放在膝盖上,吃力地保持着书和身体的平衡。吃饭时他也习惯蹲着,而且总是喜欢一个人独自用餐。课堂上他无法集中精力,有时会望着天花板发呆,有时则冲着窗户外的天空凝望。如果恰巧有小鸟飞过,文森特就会让自己的目光变成翅膀,与鸟儿一起比翼齐飞!

有一次上语法课,老师问他:"这是与格还是宾格?"他回答:"先生,我真的不在乎。"

不在乎的文森特成为众人眼里的怪人,但他旁若无人,照样"奇怪"地蹲着上课,"奇怪"地蹲着吃饭,"奇怪"地盯着小鸟自言自语。

有一次上课,不知是不是文森特想起了自己做的一个梦,还是刚刚有只小鸟从天空飞过。他喃喃自语道:"你是从津德尔特飞来的吗?"老师虽然没听清楚,但也知道他在开小差。于是,他生气地提问:"文森特,请你解释下'悬崖'一词。"

"悬崖?"文森特若有所思。

"是的,悬崖。"老师耐心地重复一遍,等待着文森特漏洞百出的回答。

文森特看着老师,回答道:"或者这样,老师,我可以在黑板上画出'悬崖'。"

"文森特,我们现在不是上绘画课,请你不要痴心妄想!"

老师怒气冲冲,好容易忍住没把文森特赶出教室。

梵高传

下课后，文森特似乎无法放下此事，他的倔强脾气再次膨胀。这个想到就一定要去做的年轻人，根本没打算罢休。他径直走向黑板，拿起粉笔准备大张旗鼓地描绘"悬崖"。一个同学似乎想制止他，也可能只是觉得他的举动好笑，他站在文森特的身后，笑着扯了扯他的衣角。可是文森特生气了，他觉得这位同学是站在老师一边和自己作对！他猛地转过身来，红色的头发好像在燃烧，蓝绿的眼睛也露着凶光，积累了许久的压抑此时爆发了出来。他挥拳打在那位同学的脸上，然后目不转睛地盯着对方，用眼神说着一个字：滚！

这是文森特有生以来的第一次暴力行为。他可能都把自己也吓到了，怎么也没有料到自己情绪的爆发是如此无法抑制。事实上，他马上就后悔了，却因为倔强而不好意思去道歉，以至于接下来几天见到那位同学都脸红。这次事件让他在学校和同学那里造成了更恶劣的印象。文森特内心多少有些沮丧，但一波未平一波又起，没几天，另一件事又发生了。

这次冲突发生在文森特与负责学习的博克玛先生之间。这位先生希望把他们训练成出色的演说家，每天晚上他们都要准备好一篇次日在课堂上宣讲的演讲稿。文森特写得很慢，因为他想说一些深有体会的问题，不想敷衍了事。他的演讲稿写得流畅而深刻，但是每次宣讲的时候，却讲得磕磕巴巴。博克玛对他很不满意。

这天又到了演讲时间。

"文森特，该你演讲了。"

"先生,我还有一些想法没最后确定,现在还不到宣讲的时候。"

"我们现在是在课堂上,现在就是演讲时间。"

"那是你的演讲时间!"

"这是我们的课堂时间,我们的演讲时间!"博克玛先生几乎要尖叫了。

文森特丝毫没有退让。在关系到坚持自己内心的事情上,他是不会退让的,永远也不会退让。他盯着博克玛先生,一字一句地说:"你不能让我演讲我就演讲,就如同你不能让我做梦我就要做梦一样!"

也许对于文森特,在学校按部就班地学习就是一场无法结束的梦魇吧。

三个月的试读期限到了,学校不打算继续收留这个无法管束的学生。可怜的父亲立刻致信校方,希望给文森特机会。校方出于对这位口碑良好的牧师的尊重,同时也因为好心的皮特森牧师的再次帮助,最后商议决定让文森特到博里纳日去工作。

① 文森特并不是个上课遵守纪律的好学生,他这样对吗?为什么?

② 文森特在课堂上和老师的争吵你认为合适吗?你觉得该如何表达自己内心真实的想法?

第十四章　就让我也一无所有吧！

博里纳日是个煤矿区，在比利时的南部，那里的条件非常艰苦，居住的都是极度贫困的矿工。文森特的父亲同意负担他在博里纳日的生活费用，直到他找到固定的职位并有稳定的收入。皮特森牧师则为文森特欢欣鼓舞，他认为文森特是个富有激情和同情心的人，博里纳日的贫苦老百姓需要这样的人去给他们布道，同时他也答应尽其所能帮助文森特谋到一个收入好的职位。

1878年12月，文森特坐火车到了博里纳日，来到荒凉一片的小瓦姆村。小瓦姆村是个矿工村，全村仅有的一所砖房坐落在山顶上，那是面包师约翰·巴普蒂斯特·丹尼斯的家，也是愿意为文森特提供食宿的地方。

没过几天，文森特就结识了矿工雅克和亨利，通过他们了解了矿工的生活。

在矿工们的眼里,博里纳日就是人间地狱,工人们连奴隶都不如。早上,他们3点就下井,光着身子,跪在地上,在又黑又热的井里干活。井下的空气充满煤尘和毒瓦斯,让人难以呼吸。大多数矿工不分男女都是从八九岁就开始下井,不满20岁就会害上肺病,并发烧不止,一般只能活到40岁,然后便死于肺结核。他们做牛做马,累病累死,得到的报酬仅仅是一间遮不住风雨的小棚屋和填不饱肚子的一点食物。他们天天都在死亡线上挣扎,病了就被撵出来,没有一分钱赔偿,死了就像条狗似地被埋掉,留下孩子靠邻居街坊接济。

每每听到矿工的悲惨生活,文森特就悲愤自抑,不停地揉自己的红头发,忽蓝忽绿的眼睛闪烁着痛苦。他太想去帮助这些可怜的人们了。很快,他就在丹尼斯面包房后面的一间简陋的小棚屋中举行了第一次宗教会议。他怀着深切的同情心,用富有激情和形象的语言给了这些苦难的人些许精神安慰。

文森特绝不是个仅仅会用语言去表达同情和热爱的人,接下来的日子,他马不停蹄,常常去矿工家里嘘寒问暖。村子里生病的人很多,他经常给他们带去一点牛奶或面包以及衣物之类,整个小瓦姆村的人都喜欢上了这位真正善良的年轻人。

只要是符合自己内心的事情,文森特都会全力以赴、毫不保留地去做。现在,这个终日在博里纳日奔波的年轻人的内心,已经彻底被这里的苦难占据了,他甚至都减少了花在读书和绘画上的时间,要知道这两件事对于他可是比填饱肚子还要重要的事情。更甚的是,整整三个月,他都没给提奥写信!这对于他们兄弟俩来说,可是前所未有的。

好在文森特的付出终于得到回报。元旦时,皮特森牧师寄来一封信,告知文森特,福音传道委员会得知他工作出色,决定授予他一项临时任命,期限半年,如果在6月底之前一切进展顺利的话,他的职务将成为永久性的,另外在试用期间他的月薪为50法郎。文森特欣喜若狂,他觉得自己终于找到了一生所要从事的工作,他再也不用依靠任何人来养活自己了,而布道传福音恰恰让他天性里的极大热情和纯粹的善良有了出路。

文森特现在已是受委任的福音传教士了!他迫不及待地继续行动。他千方百计地又找了一个大房子,作为举行集会的永久场所。在大多数的下午,他会召集一些不下矿也没有书念的小孩,教他们念书,给他们讲一些简单的圣经故事。冬天,房子里面很冷,他就随一些矿工的妻子和小孩到山上去捡煤,回来一起生火,然后布道。他的眉头、睫毛、下巴、手上沾满了黑煤灰,他也来不及洗干净,乐颠颠地和矿工们打成一片,"黑"成一体!

如果文森特适可而止地关心着这些矿工,同时真挚地宣讲圣经,事情也许就美妙地发展下去,他很快就会得到稳定的工作。可是,文森特永远是个不断挖掘内心真实思想的人,他的深刻连他自己都不知道。

有一天,他吃罢美味的午餐,又洗了个热水澡,上楼来到自己的房间,躺在自己宽大舒适整洁的床上。

　　在当牧师的那段时间里,大多数的下午,梵高会召集一些不下矿但也没有书读的小孩子,教他们念书,给他们讲一些简单的圣经故事。冬天,房子里面很冷,他就随一些矿工的妻子和小孩到山上去捡煤,回来一起生火,然后布道。他的眉头、睫毛、下巴还有手上沾满了黑煤灰,他也来不及洗干净,乐颠颠地和矿工们打成一片、"黑"成一体!

名家名言

人们必须注意不要退缩在暧昧、黑暗、故意的错误上，更须避免像刷白的墙壁那样是白色的，我指的是伪善。

名家名言

我肉体的热情是非常淡漠的，但是我精神上的热情却是强烈的。

不知为什么极度疲倦劳累的他怎么也睡不着。他重新站了起来,翻开自己收藏的世界各国的艺术大师的作品以及照片。这可都是让他每次观赏都会无限沉迷的艺术大作啊!那些美丽的花朵、漂亮的海景、还有端庄干净的少妇,一切本该如此赏心悦目。可是,今天的他却没有一点心思。烦躁不安的他推开这一切,走到自己的衣柜旁。他看着一排排的衬衣、内衣、袜子和背心,还有几双鞋和靴子,以及挂在里面的暖和大衣和成套的礼服。

他的眼前忽然出现了那些在井下匍匐挖煤的"黑人",那些在地狱的热气与灰尘之间身体赤裸的兄弟;他还想起了那些在家里挨冻受饿的他们的孩子,他们住在他去过很多次的家徒四壁的破棚子里;还有那些褴褛破衫、面黄肌瘦的女人们,40岁就成为痛苦呻吟、病入膏肓的"老人"……

一阵令人焦灼的痛苦和不安袭来,让文森特内心充满愧疚和罪恶感。

"我在这里算什么?我不过是个骗子!是一个懦夫。我向矿工们宣扬贫困的好处,自己却过着不愁吃穿的安逸生活。我不是个伪善者是什么?我的宗教有什么用?我的宗教有用吗?我为什么不能过他们那样的生活?我为什么不能和他们一样,除了痛苦和挣扎一无所有?"

从来不会欺骗自己思想的文森特再也无法忍受自己的"富裕",他决定不再住在丹尼斯家里了,他要和矿工们住一样的棚子、吃一样的食物、睡一样的床。他想成为他们中间的一个,这样他才真正心安,才有资格去给他们宣讲圣经。

他很快就租了一间破棚子,不顾丹尼斯太太的阻拦,在这年2月就搬过去了。

2月是一年之中这个地方天气最恶劣的月份。肆无忌惮的狂风席卷着峡谷和山冈。矿工们从热得难以想象的地下出来,一下子暴露在冰天雪地里,顶着刺骨的寒风挣扎着回家,每天都有人死于肺结核和肺炎,文森特都数不清他已主持了多少葬礼。

他已经没有时间去教那些脸色发青的孩子们读书了,而是整天到山上去捡煤,然后亲自分送到那些境况最凄惨的小屋里去。他开始分配自己的衣服,送给那些最需要它们的老人、小孩和孕妇。此外,他如同一个永不停转的陀螺,奔波在不同的矿工家里。他为有需要的人洗衣、按摩、煮热饮料和熬药。他还神奇般救护了一位伤重垂危的矿工,并让他奇迹般地生还。最后,他竟把圣经留在家里了,因为他根本就没有时间去翻阅诵读。

文森特确实帮助了许多穷苦人,可是一个连圣经都不读的人真的是福音传教士吗?或许是出于这样的疑惑,或许仅仅是出于关心以及担心,丹尼斯太太慎重考虑后还是给文森特的父亲写了一封信,把文森特的现状告诉了他。可怜的老父亲本来就有些不放心,一接到信就不辞辛苦地远道而来。

见到文森特时,他正好在生病。棚子里没有床,他躺在地上,身下垫着干草。原本粗壮的文森特现在瘦得皮包骨头,并且打着赤脚,穿着自己用麻袋缝制的衬衣。

看到站在昏暗的油灯下的父亲,文森特想起了童年时和父亲一起散步的情形,不禁热泪盈眶。

父亲把文森特带回丹尼斯家中,让他好好休养。几天后,文森特面色有些红润,身体恢复过来了。他兴致勃勃地和父亲一起去雪地散步。

白皑皑的雪地和小时候家里金灿灿的麦田是有些不同,但是和父亲走在一起,那种温暖坚定的感觉却是一直不会改变的。

"父亲,在博里纳日,看不到绘画,没有博物馆,没有画廊,也没有版画商店,但是,这里的风景比画更美。

"父亲,这里的傍晚很奇特。暮色苍茫时,他们从矿井上来,整个人都是黑的,回到阳光下,一个个就像清理烟囱的工人!

"父亲,你不知道,一个人可以在这里过上好几年,但要是他不到井下去,他就永远也不可能知道事情的本来面目。"

……

文森特的心已经完全刻在博里纳日,被矿工们的苦难浸润着。

父亲是个温和的人,他多少也被当地矿工的苦难所震惊了,但是他见多识广,知道如何有分寸地去安慰那些穷苦的人,他细声说:"文森特,你是去帮助他们,而不是一起沉入苦难。"

| 梵高传 |

"不,父亲!"文森特很是激动,"我若过着丰衣足食的生活,那些安慰就是虚情假意的。"

"可是,你若也一无所有,谈什么去帮助别人呢?"

"哦,父亲,就让我和他们一样,就让我也一无所有吧!"

① 文森特为了帮助贫苦人让自己变得一无所有,你觉得他是不是"疯"了?

② 矿工的苦难生活为什么让文森特内心如此痛苦?当你感受到别人的苦难时你的内心是怎样的?

第十五章 我准备做个艺术家！

父亲回去后没多久，文森特找了个机会下了一次矿井，而且是下到最下面一层，在 700 米深处见到最艰苦、最原始、最危险的矿工挖煤的一幕。文森特终于知道了什么是真正的地狱，矿井里面的空气像火一样烫，闷热和粉尘让文森特几乎窒息。身体强壮、意志坚定的文森特也终于受不了了。回到地面后，文森特眼冒金星，头脑昏沉，跟跟跄跄，感觉刚才去了一趟鬼门关，而自己幸运地死里逃生了。

这次经历使文森特的内心被彻底震撼了，甚至可以说是一次颠覆。他认为自己讲道毫无用处，任何宗教的救赎真理都不过是滑稽而无理性的虚假安慰罢了。他的宗教热情在暗无天日的井下渐渐熄灭了，但他对于穷苦人的爱却愈来愈深沉。

到了 3 月份，热病在博里纳日开始蔓延。文森特自己忍着饥饿,把薪金中的大部分用来为病人买食物和药品。由于缺少食物,他越来越瘦,他那好激动和神经质的毛病也更严重了。寒冷和饥饿折磨着他,他发着烧仍四处巡视,他眼睛深陷,像两个喷着烈焰的洞穴,两颊也凹陷下去,只有那个梵高家族特具的大下巴顽强地向前伸着。

他又回复到父亲来看望他之前的状态。他把所有的一切都给了别人,不洗漱也不刮胡子,买奶酪喂老鼠,而自己只啃干面包,以表示爱所有生灵,连虫子他都要保护,拾起来放回树上;他身上穿着用包装纸做的衬衣。当地的矿工非常热爱他,认为他是"上帝的疯子",而不懂事的幼小孩子则真的把他当成疯子,常常追逐他、戏弄他。

不久,福音传道委员会里面的牧师看到了这一切,恼羞成怒。他们认为文森特的所作所为与基督教牧师身份极不相称,简直是在丢教会的脸!他们当即解除了对文森特的任命,并停发薪水。

文森特无法接受这个结果,他决定步行去布鲁塞尔找皮特森牧师。不知是他内心渐渐有了走向艺术道路的念头,还是因为他知道皮特森酷爱绘画,总之,一无所有的文森特腋下夹着自己画的矿工素描就出发了。

顶着酷烈的日头,文森特开始了近百公里的长途跋涉。这一次的长途步行和他以往的步行一样,风餐露宿,千辛万苦。只不过这次他没有"每个人都必须自己背的"背包,甚至没有一双可以走远路的鞋,他大部分时间是在赤脚徒步!

这位红头发的青年,满身尘土,走在路上。他睡的是田地,吃的是野果,他就像大自然的孩子,虽然辛苦疲惫,但因为回到了母亲的怀抱,内心无比坚定踏实。终于在一个黄昏,这位大自然的孩子来到皮特森牧师的家。

牧师善良而敏锐,他仔细观看文森特的素描,并提出一些切中要害的意见,但更多的是肯定和赞叹。

"哦,文森特,我亲爱的孩子,你的画真的很不错。

"文森特,你看这里,这里的线条似乎僵硬了一些,但是你却让这些线条充满力量!

"孩子,你过来看,这幅画的构图太棒了,你是怎么想到的?"

……

皮森特也许仅仅是想鼓励一下这个做事偏执的孩子,也许他是真的看到了文森特无法抵挡的才华,不管怎样,他温和的支持和鼓励给了文森特巨大的力量,这无疑给文森特打了一剂强心针,促使他真正地全身心投入到艺术大道上去。

相比皮森特的支持,文森特最亲爱的弟弟提奥却在这个时刻对他开始质疑。提奥从巴黎寄来一封信,他在信上恳请哥哥不要在博里纳日浪费时间,希望他积极地采取措施去谋求正当职业,寻觅生路,甚至建议他去做个面包师什么的。文森特看后很不是滋味,他何尝不想自力更生,无论是在海牙做着体面的卖画工作还是在博里纳日不分贵贱地传道,他都是诚挚地按照内心去做的,可是结果常常事与愿违,他也不知人生为什么是这样。

不知命运答案的文森特不免感到沮丧,接下来的日子他是在父亲和弟弟提奥的交替供应下度过的。事实上，他省吃俭用，生活费常常被拿来买铅笔、画纸和书。他重新阅读《汤姆叔叔的小屋》、雨果的《悲惨世界》以及狄更斯的《艰难时代》，开始思考苦难的真正本质。更多的时间，他勤奋地画画，好像突然一下子，他觉得自己熟悉的艺术世界又更加清晰地回来了。那些童年里流连忘返的光影世界、那些在长途散步中看到的颜色纷呈的四季，还有那些在伦敦和阿姆斯特丹的美术馆里曾经看到过的每一幅美丽的油画……

这才是让自己内心真正摆脱痛苦的世界啊！

文森特起早贪黑地画，有时是临摹伦勃朗和德拉克洛瓦等大师的作品，有时也给小瓦姆村的矿工们及他们的妻子儿女写生，有时则是到矿井门口作画。他画的最多的是运煤工人。他们或者肩披麻袋，扛着一袋沉甸甸的煤，铁锹也横在肩上，弯着身奋力爬上煤堆；或者在万物萧条、春寒料峭的原野下，踉踉跄跄地走向矿井……

文森特深深地迷上了这些劳动的人民，他觉得真正的艺术就在这些苦难的身体里。他一般画完后就复制一幅，把它夹在信里寄给提奥。他画得太投入了，身不由己，常常身无分文，不得不去问别人借点面包填饱肚子。

到了冬季，文森特钱粮用尽，他似乎又到了某种绝境。而此时，他因为与提奥意见不合，已经半年没有通过信了。内忧外患的他，决定再次长距离地徒步跋涉，去找他倾慕的艺术家布雷顿！这位画过《为阿依托斯的麦田祈祷》的艺术家住在法国的库里耶尔，文森特来回要走近150公里！

依然是那样,和 13 岁时背包出发的长距离徒步一样,和上一次去寻找皮森特的艰辛跋涉一样,没有充足的食粮也没有温暖的夜宿,文森特只懂得义无反顾地赶路,风餐露宿,风雨兼程。

似乎在每一次的人生低谷,文森特都会来一次徒步的长途跋涉,在身体和意志的双重考验中,他的痛苦得到缓解,他的信心得到增强。童年的这一习惯让他受益终生。

虽然他最后没有见到布雷顿,但内心的痛苦似乎减少了许多。

半年之后,他终于和提奥和好了,这还得归功于弟弟的大度,他主动给哥哥寄来 50 法郎。并明确提出来要支持他,只要文森特选定一个目标,提奥将为他提供经费,每月给他寄来生活费,直到他成功。

文森特接到来信后,非常激动。他想起了和提奥在故乡一起度过的童年时代,想起他和提奥一起在莱斯维克的老磨坊的散步,一切历历在目,兄弟感情其实从来就没有淡漠过,

这个世界上最爱最尊重也最懂得欣赏他的依然是提奥!

"亲爱的提奥,我始终认为,了解上帝的最好方式,是爱许多许多的事物……爱你所爱,这样你就会更了解上帝——我就这样对自己说。然而,一个人必须带着高尚、严肃和亲

| 梵高传 |

切的同情心去爱,带着力量去爱,带着理智去爱;而且,一个人必须永远努力让自己了解得更深、更好、更多。这是通向上帝之路,这是通向坚定不移的信仰之路。

"亲爱的提奥,我对艺术的热情是多么强烈,已经到了无以复加的地步。在远离艺术的时候,我经常思念着艺术这块故土。

"亲爱的提奥,总有一天,我会用关于矿工的一些画挣到一点钱。

"亲爱的提奥,我准备做个艺术家!"

他没有想到,亲爱的提奥也没有想到,他将为此而付出一生,他将会在欧洲艺术史上掀开最绚烂的一页。

阅读思考

① 文森特那么喜欢绘画劳动人民,这是否会让他更快领略艺术真谛?

② 提奥对于文森特无私的帮助是否在纵容这个没有多少生存技能的艺术家?为什么?

第十六章 我不想画这些没有生命的玩意！

1881年4月，文森特回到了故乡。

日子仿佛又回到了童年辍学回家后的状态。文森特每天都在田野的荒地上徘徊或在自家房舍附近漫步，只不过和小时候不同的是，他现在会带上绘画用品和画架。他最乐意画的是那些田野风景和乡村农夫。他有时画掘地的人，有时画播种者，有时画羊倌倚着他的牧羊棍，有时画一个正在削土豆的妇女……晚上回到家，文森特也不休息，就在家中画他的父亲、母亲，以及弟弟妹妹。他画得很认真，同样的画有时会画上四五遍，一个动作擦了又改，改了又擦。

日子过得忙碌而愉快，转眼就到了夏天。提奥寄来了火车票钱，让文森特联系他家在海牙的特斯蒂格和毛沃等亲友，然后出发来到海牙。

特斯蒂格现在已经是荷兰最著名的画商，古皮尔艺术公司的经理，并创办了海牙美术学校。他很爱荷兰的那些年轻的画家，并且大量收购他们的作品，高价售出，他想为荷兰培养出第一流的大画家。

文森特带了自己的作品给特斯蒂格看，先是博里纳日那些下班归来的衣衫褴褛的矿工、俯身在矿石堆上捡煤的矿工妻子，然后是耕耘播种的劳动者的素描。他觉得这些画着底层穷苦人民的画虽然朴素，却自有高贵的情感，他希望它们能在公司里卖得出去。但特斯蒂格用沉默否认了这一切，他有些傲慢地瞥着文森特，似乎在说：

"老兄，你这都画得是什么乱七八糟的东西。你就不能画点美丽逼真的好风景吗？"

文森特失望之余，又去找到毛沃。毛沃是海牙有名的大画家，也是文森特的表妹夫。毛沃没有像特斯蒂格那样对他的画不置可否，他给出了一些良好的建议。在毛沃看来，文森特努力的方向不对，他建议文森特放弃用钢笔作画，尽快采用油彩、蜡笔或炭笔。在毛沃的鼓励下，文森特在海牙租了一大间画室，开始跟毛沃学习画画，很快他就能画出相当有水平的水彩素描和油画了。

如果文森特专心致志画那些更能卖得出去的风景画和素描画，也许他就能过得好一些，可以像一些画家那样，买漂亮的房子，过体面的生活。可是文森特非要固执地画人物，画穷人。他画的最多的是形形色色的穷人：在施粥所排队等粥的人们、疯人院里的三个老头、穿着蓝色罩衫的人、在挖土豆的妇人等。

他每天都要请模特儿,或是铁匠的儿子、精神病院的老妪、泥炭市场上的一个男人、犹太区的祖母和孙子两人、洗衣工、在花园挖地的老妇人……这倒不完全是因为这些模特便宜,其实更多的是文森特只想画他们,文森特的眼里没有阶级界限,不分贵贱高低,只知道他们和自己一样,都是苦命人。他觉得自己画这些底层的穷苦人,自己的画笔才会变得有生气,而他自己的生命也会因此更有意义。

当然除了人物,他也画风景,只不过他笔下的风景不仅仅是自然景色。他既画大家都画的柳树,也画别人很少画的煤渣路;既画优美的起锚待发的渔船,也画嘈杂的热闹集市。总之,他画他内心感受到的真和美的事物,从不随波逐流,跟风作秀。应该说,文森特并不排斥画风景,但他不愿意成为没有个性的海牙画派,他不止一次地表达自己的艺术观点,认为景物不单单是景物,景物应该有个性,对此他有过极妙的表述:

"刚抽穗的小麦,散发某种难以言传的纯洁和温柔,宛若睡觉的婴儿,能让人产生同样的冲动。大路两旁被践踏的草,又疲惫又满是灰尘,就像穷人区的居民。上次下雪的时候,我看见几棵绿叶卷心菜冻蔫了,这种景象让我想起一群衣裙单薄、围着旧披肩的女人……"

他的语言总是如此形象生动,尤其比喻手法的运用浑然天成。如果他全身心去当作家,未必会逊于当画家。不过这也是无法改变的事情,他太喜欢大自然的颜色和线条了,而不是字母的形状。

特斯蒂格先生到过文森特的画室,看到文森特有了一间像样的画室,而且工作很努力,他感到由衷的喜悦。他愿意看到年轻的艺术家们取得成功,这样对他来说也是有益的。特斯蒂格告别前一再叮嘱文森特要努力,希望看到文森特的进步,并且说很想购买文森特以后水平提高的作品。

遗憾的是特斯蒂格后来又来了几次,却总没有买文森特的画,而且由开始的鼓励慢慢地发展到讽刺挖苦和打击了。

"我确信你不是个艺术家!"

"没什么可说的,你起步太迟了。"

"你应该想着挣出自己的面包。"

"哼!你绘画跟你已经做过的一切一样,都是虎头蛇尾,一事无成。"

文森特已经被这个成功的画商打击得一无是处,但是他还是经常去找他,因为他需要借钱。

模特费对他来说是一笔大的开支,有时他口袋里只剩下一个法郎了,但他仍要画。他常常上顿不接下顿,有时三天没吃一口东西,但仍然夜以继日地画画。因为营养极度不良,他常常发烧,连铅笔都握不住,躺倒在床上。病稍微好些,他就不得不到处借钱。

好运终于降临到文森特头上一次。科尔叔父看中了文森特一些小画,那是文森特有一天半夜12点徘徊在布雷特纳一带画的。科尔叔父订购了12幅这样的画,并且还想请文森特画12幅阿姆斯特丹的风景。

只是这样的好运只有一次,一生中的一次,而且这样的收入只是杯水车薪。

渐渐地,毛沃对他失去信心,开始对他冷落。这让文森特日渐忧郁。他有时一连几天靠水充饥,这让他更多次数地发烧,有时不得不蓬头垢面。这一切让他在很多人眼里成为一个满脸皱纹、不负责任、野蛮病弱的流浪汉。

毛沃对此非常不满,认为他在给梵高家族丢人现眼。

矛盾终于爆发了。

这天,他带文森特在画室画石膏模型。其实,文森特和他一直在画石膏像上有分歧,文森特喜欢画活人,总是拒绝石膏像。毛沃当然觉得文森特不顾现实,要知道相对模特,石膏像花不了几个钱,文森特又不是不知道。他让文森特从头开始画一些简单的石膏模型,可是文森特总是喜欢用画穷苦人的那种粗硬有力的手法,毛沃看了很不满。

"我说文森特,你怎么画来画去,总是这样。"

文森特心情并不好,又饿着肚子。

"我画的,怎么了?"

"你看看,你这手法,就像农民的手去耕田。"

"农民的手怎么了?农民的手最有力量。"

|梵高传|

"我说文森特,你这是怎么说话的,和谁较劲啊。你要是不想画就别画了!"

毛沃抓起他的画纸,撕个粉碎。

文森特也恼了,他说:"我是艺术家!我才不想画这些没有生命的玩意呢!"

他把石膏模型摔碎,扔进毛沃画室的煤炉里,然后在肚子咕咕叫的声音中扬长而去。

① 文森特到处借钱画画,这是不是一种"艺术家的无能"?为什么?

② 文森特和自己的老师兼妹夫吵架并撕碎石膏模型,他是否尊重了艺术却没尊重老师?你怎么看待?

第十七章　我怎么能配得上你的爱

提奥在每月 1 日、10 日和 20 日分别会给文森特寄 50 法郎。文森特接到汇款的第一件事，就是去购置大管的油画颜料，然后回到画室天昏地暗地画起来。他知道油画颜料贵得吓人，但他一旦画起来就无法控制，颜料好像棉花垛一样在画布上厚厚地堆积。他画得太快了，画布、颜料都如流水一般，等到他一块面包也买不起的时候，他的画室也从桌子到地上铺满了那些无法填饱肚子的油画！

提奥也到海牙来看过他。年轻的提奥服饰考究，西装革履，仪表堂堂，一看就是位事业有成、潇洒体面的成功人；而文森特则穿得邋邋遢遢，头上戴顶可笑的农民帽子，满脸的红胡须乱糟糟的，一看就是还在温饱线上挣扎的穷人。如此优雅体面的画商和如此粗鄙的艺术家站在一起，怎么看都不像兄弟俩。好在提奥不在乎这些，他挽着哥哥散步，当然也给哥哥及时带来新衣和热的面包。

不知是因为提奥心疼文森特,才建议父亲给他写信,还是父亲想文森特了,在文森特发疯画画但饥肠辘辘的时候,父亲来信了,让文森特去父母现在住的纽南。

文森特迟疑了几天,终归温暖的亲情诱人呀。

1883年12月,他怀着几分忐忑不安的心来到纽南。

如同童年的记忆一样,纽南的家是如此美丽恬静。房子宽敞舒适,最美妙的是还有一座非常大的花园。园中有榆树、树篱和花圃以及一个水池。文森特回到亲人身边,早晨能喝上热咖啡和吃上香甜的烤面包,晚上能睡在柔软的床上,黄昏时则在花园里花草的清香味里看太阳的颜色变化。一切如此美好,让人不免沉醉懒散。

休养了几天,文森特坐不住了。他可不是来修身养性、好吃懒做的。他现在是个艺术家,希望自己能静下心来单纯从事画画。他又想起了他的偶像米勒,此时此刻,他希望自己能和米勒一样和农民生活在一起,了解他们、描绘他们。他觉得只有深入到乡村中去,描绘田园生活,他才能活得有滋有味。

于是,文森特把花园里那间马夫的小屋布置成一间乡间画室,开始了他更为全身心投入的绘画。

文森特很快就和田地里的农民、织机旁的织工结成了朋友。他早上起得很早,然后就去田野上画农民或者和他们聊天,有时也去纺织屋里和织工一起开玩笑。他认为织工们心地单纯、真挚朴素。他们对生活没有太大要求,只希望通过自己的劳动获得基本的物质基础,有土豆吃、有咖啡喝,生活就已经很美好了。那些很容易就满足的穷人对陌生人毫无芥蒂,即便他们干活时,文森特在一旁画他们,他们也丝毫不介意。这让文森特很受鼓舞,更重要的是,他觉着自己和这些人在一起自己才更自在舒服、更有热情。

似乎总是这样,文森特和上流社会的人打起交道总会失败,但和下层的穷苦人一起却其乐融融。

不知是不是文森特在白天说完了要说的话,以至于晚上他回到家已经哑口无言。大家吃饭聊天时,他却不和家人一起在桌前吃饭,而是跑到一个角落里,边吃饭边端详自己白天的作品。有时看着看着,情绪来了,就把不满意的作品撕成碎片。家人对他已经见惯不怪了,也不和他多交谈,除了父母常常还问寒问暖。家里的几个妹妹基本和他无话可说。妹妹伊丽莎白还有些责怪他,因为她觉得哥哥在纽南的名声并不好,大家看到的是一个整天背着画架到处瞎逛的无所事事的年轻人,这多少会让人对整个家庭有些闲话。

事实上,文森特也感觉到了,每次他背着画架出去画画,总能感觉到有人在指指点点,不过他可没时间在乎这些,他要去没完没了地画那些朴素的人物呢。

他请过家中的年轻园丁做模特,起码有四五十次。他为农民夫妻、为纺织工女伴画像,有时送给对方,有时自己带回去。他身背画架,带着小折叠椅,匆匆赶路,一旦发现合适的对象,便停下来反复打量。镇上的路人有时会说:"瞧,那个傻瓜又来了。"他们还给他起了绰号,叫"红头发"或者"蹩脚小画家"。

谁都没想到,这个整天在画架前的"傻瓜",这位"红头发"的"蹩脚小画家",却引起了一位女子的极大注意和倾慕。

这位女子叫玛戈特,是文森特邻居的女儿。这个家庭多少有些奇怪,家里有五个女儿,父亲早已去世,只有一个老母亲,而这五个女儿居然一个也没有结婚。

玛戈特已经39岁了。她并不美丽,皮肤有些皱纹,但是她有一双深褐色的漂亮眼睛,流露出一股善良温柔的眼神,最重要的是她被文森特独特的气质吸引住了,她从来没有恋爱过,这是她第一次也是最后一次爱一个男人。

这爱情如此真挚,文森特一下子也被点燃了。

他们开始约会,开始享受爱情带给他们的幸福。玛戈特没有厄休拉那么青春荡漾,没有凯那么知性优雅,但是她自有成熟风韵,而且她是第一位主动爱上文森特的女人,她理解并崇拜文森特,从不挑剔和责备他。在她的眼里,文森特的邋邋遢遢和嗓门粗哑不是缺乏教养,而是粗犷不羁的雄性魅力;文森特情绪起伏时的暴躁不是"疯子",而是艺术气质浑然天成;最难得的是,她从不认为文森特不挣钱是一件丢人的事情,因为她看到文森特在努力画画,在天才般投身于艺术,只不过暂时还没得到世人的肯定,暂时还没有成功兑换出钱币而已。文森特在她的眼里是如此完美高大,她愿意和他在一起。

玛戈特几乎每天都陪他外出画画。他们肩并肩一起步行外出,有时是10公里以上的路程。玛戈特从不觉得劳累也无怨言。文森特作画时,她就一声不吭地坐在一旁,崇拜地看着她的爱人和爱人的画。

玛戈特还千方百计地了解文森特的爱好,希望自己能为他做些什么。有一次,她知道文森特梦寐以求地想看到约翰·马歇尔的《艺用解剖学》,就到处托人搞到这本书,送给文森特。

文森特接到书后欣喜若狂,他抱住这个善良的女人,喃喃自语:"我怎么如此幸运!我怎么能配得上你的爱啊!"

文森特被玛戈特感染了,他越来越细腻温柔。无论玛戈特心情如何不好,他总有办法哄她开心。他们还一起上街买小礼品,分送给村里的穷人。

全纽南都在议论文森特和玛戈特,镇上的人当然喜欢温顺善良的玛戈特,但对文森特却不置可否,甚至有些责怪生怨。毕竟一个只会画画的游手好闲的人是不可能养活一个家庭的!

文森特可不想一一去解释,也解释不清楚,反正玛戈特没有这么看待自己,还是一如既往地支持着他、爱恋着他。他们处在狂热的爱情中,可不愿意放弃来之不易的幸福。他们在一起,不管周围人怎么闲言碎语,他们还是准备去结婚。两个兴奋的人各自回家向家里人表达了他们的想法。

文森特的父亲首先出面反对了,这位正直传统的牧师坚定地认为,男人必须挣够钱把生活安顿妥当之后才能谈结婚问题。以文森特的现状来谈结婚,根本就不现实。

文森特的妹妹们倒不是特别反对,她们从内心多少还是希望这个不务正业的哥哥早日搬出家里。

玛戈特家里的反对声音则激烈多了。她们围着玛戈特恶言相向了整整一天,闹得不可开交、鸡犬不宁。玛戈特的母亲不想因为一个嫁出去得到幸福,其他四个留在家里承受更大的痛苦。因为玛戈特的结婚对村里人来讲,将是她那些姐妹嫁不出去的有力证明。于是这位糊涂的母亲和四个姐妹千方百计要中止这场恋爱,她们变态地诅咒文森特,好让玛戈特回到她们身边。

玛戈特知道她不可能征得家中的同意了,她在五个女人的尖叫声中几乎崩溃。她非常绝望,往日神经质般的抑郁又回到身上。加上文森特家人的反对,这对于她无疑是雪上加霜。虽然她还去文森特身边看他画画,但她内心凄凉,神情不免呆滞。

有一天,她大概是出门前又和家人发生了口角,情绪极度低落,甚至和文森特谈到了死亡。文森特吓了一跳,安慰了好久才见她破涕为笑。没想到,第二天,两人再次见面,正在田间商量两人大事时,可怜的她突然倒地,剧烈抽搐,口吐谵语,神志不清。文森特吓得语无伦次,

"玛戈特,你怎么了?你不要死!哦,不,玛戈特,你死不了的,你是不是吃错东西了……"

玛戈特不是吃错东西,而是吃了毒药。她真的没有力量去继续维护自己的爱情了。

文森特赶紧将她送往医院。他看着玛戈特苍白的脸,不禁热泪盈眶,仰天长叹:

"亲爱的玛戈特,我该怎么办?我怎么能配得上你的爱!"

说什么都无济于事了,所有的人都认为是文森特把玛戈特害成这样的,他们对文森特恶言相向,恨不得自杀的那个人是他,而不是大家心目中的好女子玛戈特。

文森特觉得自己被恶毒和仇恨的目光围剿了,他在纽南待不下了。

① 文森特遇到了相爱的人却又无法在一起,这是为什么?
② 玛戈特眼里的文森特和其他人眼里的文森特截然不同,你怎么看待?

第十八章 《吃土豆的人》

和玛戈特分手之后,文森特就搬出了家,住进了偏远地区的一个教堂守门人家的阁楼上。依然是早出晚归、勤奋画画,依然去田野郊外,依然是和农民、织工打成一片,但是身边已经没有了爱人。

日子一如既往,有收获也有失落。这不,卖不出画的文森特最近结识了一家新朋友。这是一家叫格鲁特的农民朋友,一共有五口人:父亲、母亲和一子二女,他们全都下地干活,一年四季,在耕作和收获的轮回中艰辛生存。他们住在一间破旧局促的小木屋里,屋里没有过多的摆设,只有一些生活必需品,一张桌子、两把椅子,还有几只箱子,此外还有一盏油灯从外露的简陋屋顶上垂下来,带给他们光明,顺便也携带一些温暖。

格鲁特一家种土豆、挖土豆、吃土豆,可以说土豆是他们的命根子。只有在吃晚饭时,他们才喝上一杯清咖啡,偶尔也会有一片咸肉,那起码要十天半个月的时间。有咸肉的日子,大家的脸上也都会生动些,尤其是孩子们,跟过节似的闻着肉香绽开笑脸。

也许是因为长年吃土豆的原因,文森特总觉得他们身上常年有股土豆的味道。他想,如果我不知道他们的姓名,直接叫他们土豆之家也不为过了。

有一天,他作画回来路过格鲁特家,他像到了自己家一样,径直进去坐在一旁。一家子正围着桌子吃饭呢,屋梁上吊下的油灯照着一大盘热气腾腾的土豆,一切有些温馨又有些心酸,有些朦胧还有些真挚。文森特突然意识到,他一直想要得到的,一直想要画出来的景象就在眼前,一股艺术的冲动让他几乎要大喊,他赶紧放下画架,颤抖的手一如他颤抖的内心,这正是一个令人激动的伟大时刻!

"这些在油灯下吃土豆的人,他们从盘子里拿来吃土豆的手,也就是种地的手;农民劳动的含义就在此呈现,我们也得了解,他们怎样通过朴实的劳动挣来自己的粮食。"

文森特后来是这样和提奥诠释这一伟大时刻的。

这个一生都在亲近土地,为劳动歌颂的艺术家从来就没法忘却那些朴素的穷人。要知道,他的画室里已经积累了上百件的习作,都是这两年在纽南所画。其中有织工和织机、有农民和犁头,当然也有花园里的树木和那古老教堂的尖顶,有炎炎烈日下的树篱,有大雪覆盖的田野……但他总觉得缺失了什么,他认为自己应该有一幅画如米勒的《晚钟》。

《晚钟》的画面是这样的:在荒芜的地平线前,落日余晖洒满天际，辽阔的田野映照着夕阳的金黄，一对年轻的农村夫妇正在劳作，村里的教堂响起祈祷的钟声，他们立刻停下手边的工作虔诚地祷告——妻子将双手紧握在胸前，丈夫则摘下帽子，两人认真地祷告着。简陋的衣装和身后那片荒凉的土地传达出了他们生活艰辛的信息。但是夫妇二人似乎并不在乎现实的苦楚，也没有去乞求一丁点儿的富贵荣华，

而只是做着最真实、最朴素的祷告，向上帝表达他们的感激之情。

米勒的《晚钟》体现的是那些外在粗陋、朴实，甚至木讷、呆板，而内心纯净虔诚、温顺善良的农民形象，深刻传达了米勒对农民的深刻理解和深厚的感情。

文森特一直在寻找他的"晚钟"，现在他找到了，只不过不是钟声，而是土豆。他要成为荷兰的米勒，他要为故乡的农民画一幅荷兰的土豆！

现在这样的时刻终于到了，他开始废寝忘食地画这个土豆之家。

不幸的是，1885年3月27日，文森特的父亲到一个偏远的地方去看望一名生病的教区居民，回来时在台阶上摔了一跤。等文森特的母亲赶到时，他已经死了。大家把他葬在旧教堂附近的花园里，文森特很是悲痛，暂时中断了绘画土豆

之家。

　　这时,提奥也赶回家中,和文森特有了默契的长谈。他看到文森特正在画的《吃土豆的人》,感到特别惊喜,这个对艺术有极高鉴赏力的画商意识到哥哥身上的巨大艺术表现力,他充分肯定了文森特,多少让正在因父亲过世而情绪低落的文森特有了一些安慰。

　　提奥走后,文森特收拾好画架、颜料、画布,还有油画笔,来到了格鲁特的小屋,等他们一家人从地里回来,在他们围在一起吃晚餐的时候,他就开始工作。不过他经常不满意自己的工作,涂涂改改,往往第二天还要重新来过。他完全为"土豆"着迷,就连空气里都充满着土豆的香味。他太亢奋了,简直是在用生命绘画,有时过于投入连饭都忘了吃,深邃的目光冒着耀眼的光芒。

　　格鲁特一家真是好人,对他十分宽容,厚道朴实的天性让他们十分信任这个绘画"疯子"。他们没有去指责文森特参与到他们的生活,晚饭时他们很自然地坐在桌旁吃土豆,聊些家长里短以及农田琐事。文森特在一旁画画时,他们出于友好还会邀请他来一起吃土豆。

　　5月,文森特终于画完了这幅伟大的作品,他在油画上题了《吃土豆的人》几个字。

　　这幅画朴实自然,文森特带着他最深厚的情感画出了农民真实的生活:忙碌的一天过去了,劳累困乏的亲人们拥挤在一起,在狭小寒碜的小木屋里,熏黑的墙边,破旧的方桌上铺着肮脏的亚麻桌布,一家人围坐在一起,吃一份可怜的晚

| 梵高传 |

餐——方桌上一大盘热气腾腾的土豆！油灯从低矮的屋梁垂下来，放出暗淡的光。除了背对观众的小女儿，一家人面孔苍老粗糙，所有面孔恰似一颗丑陋却结实的土豆。那些拿土豆的手是灰色的，关节粗大，似乎和美丽无关，但恰恰就是这些手，耕种了土豆也收获了土豆，让自己的生活有一点点满足。画里的那盏油灯是温柔的，好像文森特充满理解的深情目光。灯光将破旧的小木屋照亮，那些粗大的手，那些疲惫的表情，那些因为劳动带来的充实与劳累，都一一在灯下凸显，并奇迹般地拥有了一种不朽的气质，恰如这些农民赖以生存的土地！

提奥对此有过精辟的评论，他说："他笔下的农民就像他们耕种的泥土！"

文森特对于这幅作品还是相当有自信的，认为他已经成功表现了劳动者，也比较准确地传递出了自己深切的关怀之情。他把作品的版画形式分寄各处，提奥所在的巴黎有评论家给了他一些肯定。文森特心情大好，最终将这幅画的原作寄给提奥，他信心满满，希望卖个好价钱。他在信里对提奥说："我在绘画的过程中，就是想要人产生这样的念头：这些普通人在灯光下，吃着土豆，直接用手从托盘里抓，土豆是他们亲手翻地栽种出来的。这幅画让人忆起劳动，并且暗示这些农民食其所食,完全是应得的。"

正当文森特还准备在纽南继续画更有力量的作品时,格鲁特家的大女儿未婚先孕,大家怀疑的眼光不约而同地集中在了他的身上。

人生总这么富于戏剧性,文森特画完他最伟大作品之一《吃土豆的人》后的代价就是:他不得不再次离开故乡。

① 文森特为了画画而废寝忘食甚至长时间地待在别人家里,你觉得这些行为是否有失分寸?为什么?

② 看看《吃土豆的人》,谈谈你从画中看到了什么。

第十九章　肥臀的维纳斯

1885年11月20日，文森特来到港口城市安特卫普，在那里的美术学院注册，想要完善自己的技巧和表现手法，想进一步在肖像画上发挥才能，以便挣到生活费。

刚到的前几天，他一如以前，跑到各个博物馆和古建筑物前去参观，然后又穿梭到各大港口、街道以及人群里去观察。当他第一次见到日本版画时，喜出望外，买了好几幅。

在安特卫普待了三周后，他已经画了许多幅作品，颜料花费太多，以至于他这三周只吃过三顿热饭，其他时间全部在啃冷面包。他对提奥抱怨：所谓晚餐，就是进一家乳品店，喝杯咖啡，吃一块面包，或者就吃存放在箱子里的黑麦面包。

这一切对他的健康是种灾难。他的牙齿接连崩断，掉了十来颗，然后胃疼也越来越厉害，一阵一阵咳嗽，呕吐随之而来。他知道自己这样做是在透支生命，但这却无法阻挡他对绘画的疯狂投入。

1886年1月,他终于开始在绘画班上课。院长也是个画家,画起肖像十分逼真,可是文森特认为他"生硬而虚假"。

文森特先是在油画班上课。第一天,他的出现就把其他同学惊呆了。他头戴直筒皮高帽,身穿一件牲口贩子穿的蓝罩衫,手拿的"调色板"不过是从一只木箱掰下来的一块木板。课堂布置画两名角斗士,文森特狂热地作画,颜色流淌到地板上。老师也被吓到了,以至于将他赶到隔壁的素描班去,他实在无法忍受这样的画画"疯子"。

文森特倒也无所谓,他不是没上过学,不是不知道学校里那些令人窒息的规章和那些循规蹈矩的学生。

他来到素描班,结果照样引起同学们的一片嘘声和嘲笑声,课堂根本没法继续下去。文森特再次被赶到古艺术石膏像素描班。他还能有些自我解嘲地记忆起了他和毛沃有关石膏像的一次吵架,具体对话他不记得了,但他还记得自己有句话把毛沃气得够呛。他说:"有些人草草地画一画这些古代模特,就心满意足了,显然他们大错特错了。"

因为已经被驱逐了两次,文森特多少有些收敛,来到石膏像课堂上后,他尽量克制自己以避免和同学们争论,但局面还是没能控制住。文森特的先画中间后画周边的技法让老师极度反感,更让老师气恼的是,他反感的这种画法竟然开始在文森特周围的同学那里开始蔓延了。

老师开始纠正文森特,可是文森特哪里会屈服和买账,他昂着头对老师说:

"我不想被训练成机器!"

文森特想了想,从专业的角度继续反驳:

"不是从周边,而是从中间画起,我没这个能力,但是我越来越认识到其重要性,因此,我不会放弃,这太有趣了!"

他的这种调侃语气更加激怒了老师,老师干脆拒绝修改文森特的作业,并对全班宣称:

"这样画出来的东西丑陋,没有灵魂,枯燥乏味!"

文森特的忍耐到了底线,他有病在身,而牙疼又让他情绪暴躁。有一天,老师在课堂上布置画一尊维纳斯雕像。文森特一愤怒,给维纳斯画了一双肥臀。老师从画架上夺过他的素描,愤怒地撕掉了。文森特不甘示弱,站了起来大吼:"一个女人,总得有臀,有屁股,还有骨盆,以便能怀个孩子!"

这下,文森特和老师的关系彻底破裂了。他还来上课,但是绝不跟老师说话。他知道自己的成绩肯定会排最后一名,可是他已经不在乎了,他的心已经飞往巴黎,那里有他最亲爱的弟弟提奥,他会欣赏他的绘画,会让他的胃温暖起来,让他的牙齿不那么疼痛。

文森特登上火车,丢下安特卫普的一切,他甚至来不及提前告诉提奥一声。

他刚刚离开,美术学院评委会就给他的素描像打了分数,不仅是最后一名,而且一致决定将他转入12至15岁学童素描基础班!这是个多么可笑的决定,不过文森特不知道了,他带着愤怒和伤心离开了这个是非之地。他带着所有和学校有关的不美好记忆离开了。他也许有些内心愤愤不平,也许有些莫名其妙,无论是小时候的住宿学校,还是后来的宗教培训学校,以及现在这个美术学院,为什么他总是无法在学校里立足呢?当然,他也没时间去追究了,这些事实已经足够证明他显然不适合学校的传统教育,他的内心也许已经一目了然,对于他这样的人,学校只有一个,那就是大自然。

正如他说的"这太有趣了",一个刚刚画完世界名画《吃土豆的人》的画家,却被一群专家界定为12岁至15岁学童水平,是这个世界对他的讽刺,还是对12岁到15岁孩子们的恭维呢?

① 文森特一如既往地与老师作对并最后决裂,你怎么看待?
② 你怎么看待美术学院评委会给文森特的素描像打的分数?

第二十章 我也是印象派？

"印象派"是1874年纳达(法国的漫画家、摄影家和出版家)举办的一次画展后叫开的,画展中有一幅莫奈的题为《日出·印象》的油画,于是一篇署名路易斯·勒鲁瓦的报纸评论称这次画展为印象派画展。印象派的成员就是巴黎那些年轻的画家:爱德华·马奈、德加、雷诺阿、莫奈、西斯莱、库尔贝、劳特累克、高更、塞尚、修拉。

文森特第一次听到这个名词是提奥告诉他的,并且还说,这些画家穷得和他差不多,例如高更向他过去经营股票生意时的朋友借债;修拉靠他妈妈养活;塞尚靠他父亲,等等。文森特认为与这些人多少有些惺惺相惜,他很想去认识这些他引以为同类的画家,和他们一起交流生活和艺术。

来到巴黎后,文森特的第一件事就是到提奥的办公室去看印象派画家的绘画。第一眼看到印象派画作,他震惊了,他从未见过这样的作品。这些画表现了对太阳的狂热崇拜,充满阳光、空气和颤动的生命感。他开始琢磨起这些画。他领悟到这些画家们的画面上充满了空气和阳光。他们是透过这些有生命的、流动的、充实的空气和阳光看事物的。这些人的大胆创新完全推翻了学院派的传统。

"这就是印象派!"

文森特喃喃自语,他看着这些鲜艳的色彩、璀璨的光线、颤动的空气……实实在在地被震惊了。他突然觉得自己曾经的绘画都是晦暗阴沉、笨拙乏味而又死气沉沉的。

提奥看出了他的失落,不禁直言相告:

"文森特,你已经是富有个性的画家了。从你在博里纳日拿起铅笔开始画的第一天起,你就是个印象派了。文森特,看看你的线条,看看你画的人物面部、看看你画的那些原野和原野上的树木!你从来没有清晰明确、逼真地去画出它们,你画的都是你的印象,是按照你自己的感受去捕捉和再现的。你从来没有被别人的理论吓住,没有什么是可以束缚你的,你不是印象派是什么?"

"我真的也是印象派?"

"当然是,文森特。你那么敏锐,又善于描绘。现在你所需要做的只是提亮你的调色板,并且学会怎样描绘流动的、透明的空气。"提奥看着文森特,兴奋而坚定。

梵高传

文森特很快就在科尔蒙画室那里开始画画。他画花卉，画静物，也画磨坊风车，不过他在科尔蒙画室只待了两个月就没有再回去，但是他认识了很重要的画家朋友。

他在那里认识了劳特累克和贝尔纳，并因他们结识了更多的朋友。毕沙罗、西涅克、高更、修拉、塞尚等，他和他们一起探讨一起争执。

也许都是富有个性的画家，彼此还是有足够的理解的。在朋友们的眼里，文森特如孩子般天真无邪，喜怒哀乐喜形于色。他对爱憎直言不讳，有时不免使人难堪，但绝非恶意或故意冒犯别人。文森特在绘画方面学识渊博，文化知识面也很广，头脑无比聪明，因而在争论中，总能振振有词、一针见血。但是由于他太过于较真，又不注意方式，未免讨人烦。就连他的弟弟提奥也有些无法忍受。

最有意思的是，有一次他看到朋友的一幅油画，画的是一些工人正在驳船上卸沙子。工人们昂起头，手臂挥舞，一锹一锹地将沙子装到独轮手推车上。文森特可是最熟悉劳动人民的，曾经在海牙仔细观察过他们劳动的细微动作，他一下子就发现画中工人的动作有问题。他迫不及待地觉得自己有责任指点他的朋友，不仅仅是出于友情，更出于对绘画的认真。他走到朋友面前，脱掉上衣，光着膀子，用手扬起一把想象的铁锹，来回几下，告诉朋友正确的动作是怎样的。

也许文森特太想成为更标准的印象派画家，他不知不觉地在模仿他的朋友，这使得他的油画看起来就像修拉、图鲁兹、劳特累克和高更的拙劣的复制品。提奥甚至很尖刻地批评他的画。

"文森特,你这棵树的树干是高更的,树叶是毕沙罗的。"

"你画的这个女孩应该是劳特累克的。"

"文森特,你这幅画的色彩是莫奈的,空气是修拉的……"

……

这种状况并没有持续太久,他的色彩渐渐提亮了,他的画再也不是模仿品了,画布上也找不到他朋友们的痕迹。他突然领悟到,他已经形成了一种很独特的技法。这和他所见过的一切都不同,他甚至不明白这是怎么做到的。他按照他的性格适当地汲取了印象派的手法,然后结合自己的想法创造了一种非常奇特的表现手段。

他用自己独特的表现方法画了许多画,尤其是自画像。在巴黎的两年间,他的自画像画了有30多幅。他就像在写自传的作家一样,一直在询问自己,质疑自己,认识自己,肯定自己。

一个不停地端详自己、不断画自己的人,一定是要寻找一些什么答案。

果真,文森特终于决定离开巴黎,他觉得自己不是个城市画家,巴黎已没有适合他画的东西了。巴黎曾使文森特感到兴奋,他与画家朋友一起喝酒抽烟,一起办画展一起搞文艺沙龙,他曾经忙碌得都忘记画画了。但他不属于巴黎,巴黎也不属于他。他是个农民画家,他想回到他的田野上去,他一

| 梵 高 传 |

直想去法国南部,他觉得那里的田野也在不断召唤他。

唯一让他有些不舍的是提奥。在巴黎的两年,是提奥给了他温暖舒适的家,不让他挨饿,也不用为绘画用品的缺少而担忧,尤其提奥给了他绘画的信心和理解,这对他有多重要啊!

1888年2月,文森特离开巴黎的前夜,他在提奥的墙上挂满了画,有肖像画、风景画,甚至还有一幅淡红色的虾、一幅女人背部裸体画。当然还有几幅自画像。自画像里的他,有些失魂落魄,有些孤独倔强。

他看着这些画,黯然神伤,对朋友说:"这样,我弟弟就一直感觉到我的存在了。"

① 纵观文森特的模仿并超越的艺术道路,你从中受到什么启发?
② 看看文森特的自画像,谈谈你的观画感受。

第二十一章　这就是我的家

离开巴黎,文森特来到了阿尔勒。

阿尔勒是荷兰之外最令文森特想起北方祖国的地方。阿尔勒有麦田、栎树和丝柏,让文森特想起故乡的松林和石楠。而且阿尔勒还是文森特喜欢的另外一位画家——蒙蒂切利的故乡。

文森特是在开春来到阿尔勒的,那时果园的果树都开花了,杏树、梨树、桃树、李树……花枝繁茂,竞相斗艳。他被这些美景深深地吸引了,产生了狂热的愿望,要去把它们的颜色全都画下来,画出一个欢天喜地、色彩斑斓的大果园。

每天黎明,文森特就出发去画画,一般要到中午才能画完。画完之后他便徒步走回城里,喝一杯咖啡,然后又踉踉跄跄地找另外一个景点开始画另外一幅,直到日暮时分他才收拾画具,回到他栖身的旅店。

他从不戴帽子,烈日慢慢地把他头顶上的头发晒秃了。

他可不管这些,他的眼里、心里、脑子里只有阿尔勒的鲜艳色彩。他用蓝黑的线条先勾勒,再填色彩。他喜欢颜色,尤其黄色,认为唯有色彩能传达所有那些无法言喻的感觉,而黄色在他的眼里最美。

果园风光在4月底前就结束了,他总共画了20幅,其中有15幅是油画。

此时,他的技法已经成熟。他犹如出神入化的大师,对于内心和眼前的景象了然于胸,可以随心所欲地"夸张主要的东西,抛弃显然模糊不清的东西"。无论外界景象如何千变万化,无论他的内心如何波澜起伏,一切都在他的掌握中,画布上精确表现的都是他真实的感觉!

同他待过的许多地方一样,阿尔勒人也对文森特敬而远之。他们看见他日出之前就背着沉重的画架跑出城去。他光着头,不戴帽子,眼神狂热兴奋。晚上等到他回来,全身都红扑扑的,像烤熟的红薯,眼睛也好似正冒出炙热的烟火!这个古怪的画家太特立独行了,大家从来没见过这样的人,不约而同给他起了个名字:伏热,就是红头发疯子的意思。

他的饮食又回复到恶劣的状态,没有提奥在身旁,他从不知道好好爱惜自己。他以苦艾酒、烟草代替正规的食物,经常饿着肚子,似乎上一次吃饱的日子还是在巴黎!

夏季到来后,文森特对于颜色更加敏感了,浓烈的颜色让他兴奋无比。凡是阳光照到之处,都带着一种像硫黄那样的黄色。他好像是在边吃阳光边从画笔里吐出阳光!在他的画上流淌的是一片明亮的、燃烧的黄颜色。他为他的画种上了热烈的阳光!

只有在黄色阳光的吞吐中,他才觉得自己是在画画;也只有自己在辛勤作画时,他才觉得自己是活着的。

同其他任何他待过的地方一样,文森特不断结识穷苦朋友:火车站附近的咖啡店老板吉诺夫妇,"朱阿兵"少尉米利耶……其中和他关系最好的是阿尔勒邮局的邮递员罗林老爹。

罗林老爹是一个性情温和的老头,经常戴着他那顶蓝色的邮递员帽子。他长得有些特别,留了一把弯曲如钩的长胡子,一双眼睛温柔却富有活力,似乎对世界有着无限的好奇。此外,不知是天生的还是生活积累的,罗林老爹还有种淡淡的忧郁气质。

罗林老爹的运气不好,他当了25年的邮递员,从未提升过,薪水也只有那么一点提高。他那点少得可怜的薪水要养活妻子和四个孩子,生活相当拮据,可以说贫困交加。他很喜欢和文森特在一起,觉得文森特见多识广,还是个艺术家。他没有任何私心地崇拜着文森特,觉得文森特的画非常好,并且能够以自己独到的直觉谈论文森特的画,这一点让文森特颇为惊喜。此外,他们也经常在一起谈论一些生活上的问题,比如薪水太少、面包太贵等,当然也谈论女人。

文森特很看重这位朋友,一直想给他画一张肖像,罗林老爹当然欣然接受。他如果知道自己会因为文森特的画而闻名世界的话,估计会把全家人都拉来一起为文森特做模特的!

| 梵高传 |

画出罗林老爹并没有花费太长的时间,已经是大师的文森特现在画肖像画已是驾轻就熟。在他的笔下,罗林老爹有着开朗的面容,眼神中带一点迷茫。其善良和忠诚的品性跃然纸上。文森特自己也喜欢这幅肖像画,给画题名为《邮递员罗林》。

不仅是罗林老爹,在阿尔勒,文森特画了一系列伟大的肖像画。《坐着的朱阿兵》、《诗人尤金·波赫》、《牧羊农民艾斯加利亚》、《阿尔勒少女》……文森特就像辛苦劳作的农民,不断耕种不断收获,为西方艺术史贡献出了一批肖像杰作!

可是他却忘记了,这些画需要多少颜料啊,提奥寄来的钱只够他买绘画材料,他的肚子是没法消化颜料的!有一次,他竟然连续四天,靠一个面包和23杯咖啡过日子。这哪里是在涂抹颜料呢,这是在耗尽生命!

可是阿尔勒的人只看到他的"伏热",看到他疯狂地整夜在街上作画,看到他总留有颜料的手有时颤抖,他的背被憔悴和劳累压弯,感到滑稽可笑,有时小孩子跟在后面取笑他的红头发和红胡子。文森特倒也不愠不火,他已经习惯了。

只是有些可恼的是,旅店老板不知是为了故意气文森特,还是太过于贪婪,竟然出尔反尔,要抬高房间的租金,而且要文森特为他放油画的小房间交一笔贮存费。文森特受不了了,取笑和嘲讽也就罢了,何苦在经济上难为自己呢。阿尔勒的人又不是不知道他的情况,这不是逼迫他离开阿尔勒吗?

文森特太喜欢阿尔勒了,这里多么像自己的故乡,他想找间永久性的住所,这样他就可以有自己稳定的画室了,也有个自己的家了。

一天傍晚,当他和罗林老爹一起穿过拉马丁广场时,他发现离他住处不远有一所黄颜色的房子,上面写着"待租"的广告。文森特的眼睛亮了,他太喜欢黄色了。他赶紧拉着罗林老爹一起冲过去,仔细看看这所黄房子。

黄房子比较宽敞,中间还有个院子,两旁是楼房,正对着广场和山坡的市区。房子正门有一条过道通向一个大房间,大房间外带一个通着的小房间。墙壁粉刷成白色,正门厅和通往二楼的楼梯是用干净的红地砖铺就的,楼上还有一个带小房间的大房间。文森特尤其喜欢的是,黄房子的透光性很好,阳光非常充足,纯净明亮的阳光照在擦洗过的红砖地面和粉刷过的白墙上。这让房子看起来有种耀眼的光芒,就好像他的令人眩晕的黄色。让自己住在黄色颜料里,这是多么令人兴奋的事情。

文森特对黄房子一见钟情,立刻决定租下。让他意外惊喜的是,这一整套房子的月租金才15法郎,比他住的旅店还要便宜。

| 梵高传 |

第二天,文森特破天荒地没有画画,没有买颜料,而是去市场买了一个便宜的床垫和几把椅子,一张扶手椅和一点儿餐具。他找罗林老爹帮忙,把这些家用搬回了黄房子,然后兴致勃勃地收拾安妥。

"房子底层的房间用来作卧室,上面的房间则作画室。"这是头一天他就和罗林老爹说好了的,并用了一晚上想象着自己的新房子。

放好了家具,等到傍晚,文森特按捺不住激动,又到外面赊了一个小煤气炉、两口锅和一盏煤油灯,然后买了咖啡、面包、土豆,开始笨手笨脚为自己准备了一顿丰盛的晚餐。

晚上,他躺在柔软的床上,看着天花板,想着在黑夜里如此静谧而温暖的黄房子,长长地舒了一口气:

"我终于有了自己的画室,我终于有了个自己的家!"

① 文森特不仅是用才华在绘画,也是在用身体和生命在绘画,你怎么看待只有"咖啡、面包和画画"的日子?

② 孤苦清寒的文森特终于有了一个属于自己的家,这个"家"对于他有什么样的意义?

第二十二章　我们俩的"南方画室"

文森特在新家没待几天,便接到了好友高更的来信。

高更被扣在布列塔尼半岛上阿旺桥的咖啡馆里。他付不起账,店主人便将他所有的油画扣着不给。高更希望文森特能让提奥多买他的作品。

单纯善良的文森特接到来信焦灼不安,想到被债务、疾病和孤独缠于一身的高更,他突然有了一个主意。

"高更,到我这里来吧。我的黄房子里可以住两个人。这里可以成为我们俩的'南方画室'。"

他写信邀请高更来与他同住,他们可以一起在"南方画室"里画阿尔勒的阳光、向日葵还有女人。他们的画会色彩斑斓,让人们看到大自然的灿烂绚丽。

文森特开始给高更布置房间,他把节省下来的每一个法郎都用在迎接高更这件事上。他把墙壁粉刷成淡紫罗兰色,梳妆台漆成橙色并在地面铺上红地砖。这些绚丽的颜色一如他此时期待的焦灼内心。

　　他热烈地盼望着高更到来,还寄自己的自画像给高更。到了春天,他去乡间寻觅黄色浓烈的向日葵来绘画,他知道高更也喜欢向日葵。他想在墙壁上挂上向日葵的画,这样就可以更好地迎接他的好朋友高更了。想到这些,他就兴奋难耐。

　　他在巴黎也画过向日葵,但和现在截然不同。阿尔勒是太阳的故乡,是向日葵的天堂。如果说巴黎的向日葵还只是"星星之火",那么他现在的"12朵向日葵"则是完全燎原了!文森特用颜料厚厚堆砌了他的向日葵,他对提奥说:"芍药属于杰恩宁,蜀葵属于科沃斯特,而向日葵,它在某种意义上属于我。"

　　高更终于来了。

　　他见到向日葵的一刻,确实感动和震撼了。

　　"在我的黄颜色的房间里——带紫色圆环的向日葵突出在一片黄颜色的背景之前;花梗浸在一张黄颜色的壶中,壶放在一张黄颜色的桌上。画面的一角上,画家的签名:文森特。黄颜色的太阳透过我房间里的黄色窗帘,一派生气沐浴在一片金色之中。早晨,我在床上醒来,想象这一切必定是芳香扑鼻。

　　"哦,说真的,他喜欢黄颜色,好心的文森特,这位荷兰画家,阳光的闪耀使他的灵魂重新振作起来。"

高更的感动没有维持太久。在最初的三个星期,他们还能相敬如宾,共同散步一起作画,即便有分歧,也是点到为止。两个人都有些小心翼翼,觉得"南方画室"如同一个梦,不想破坏身在此梦中的美妙感觉。

梦还在前行,只是有些令人不安的内容出现了。高更个性强悍,逐渐地占据了发言高地,并抨击文森特的画法。文森特则压抑着自己追随高更,因为他实在害怕高更离开自己,这样他的南方画室的梦就不能延续了。

这对于文森特,对于艺术史真是个灾难。文森特是个本性粗犷艺术家,是大自然的儿子,现在却放弃了自己跟随内心和感觉的画法,跟随高更去表达不属于他的"象征主义诗意",要知道文森特的艺术是依靠强烈的情感,是爱与奉献的极度表现!

文森特并不是善于压抑自己的人,他和高更都是个性特别强烈的艺术家,很难光凭美好愿望就能捆绑在一起。在黄房子中,两位艺术家之间的分歧越来越大,并开始发生一些越来越激烈的争吵。他们互相挖苦、恶意攻击对方的理论和崇拜的画家。

文森特写信告诉提奥:"高更和我围绕德拉克洛瓦、伦布朗等大谈特谈,我们的争论异常激烈,常常,争论之后我们的脑子空空如也,就像用完了的电池。"

当然,两个人不会把全部的时间都用来吵架。这两块电池休息一晚,充电之后,第二天就会去疯狂地作画。尤其是

梵高传

文森特。他从早上四点钟开始,一天画成两幅,有时甚至三幅。他似乎预感到生命快要走到尽头,于是拼尽全力将自己生命最辉煌、最旺盛的激情喷洒到每一幅画布上。

他白天不停地画画,晚上还要和高更吵上一夜,根本不睡觉,吃得也少,身体和情绪都到了极限。高更的日子也同样不好过。这两人郁积于心的厌烦和愤懑越来越多,直至文森特的崩溃。

那天晚上,文森特和高更去咖啡馆。文森特不知为什么,突然将酒杯连同酒掷向高更,高更急忙闪过,抱住了文森特,带他回了黄房子。

第二天,高更即刻写信给提奥,提出要回巴黎。等到晚上,吃完饭,他独自外出散步。突然,文森特手握一把剃刀走来,他盯着高更看了看,就低头跑回了"黄房子"。

当夜,文森特用剃刀割下了自己左耳的下半截。

高更没有再看过文森特一眼,他给巴黎的提奥发出电报,就离开了黄房子,从此没有再和文森特说过一句话。

黄房子里只剩下奄奄一息的文森特,以及一地破碎的"南方画室"之梦。

① 文森特为什么那么渴望和高更建立"南方画室"?
② 文森特为什么要割下自己的耳朵?

梵高的身体越来越差了，大夫要他多休息，注意营养。他全然不理会，他认为如果生命和绘画之间一定要选择，他只能选择后者。他又一次不戴帽子来到田野，任由太阳将自己融化。他的创作力重新焕发，他对大自然特有的感觉再次被唤醒。他站在麦田和向日葵的面前，觉得自己也融入了这片黄色的世界，这个世界时刻都在旋转、在盘旋。他每天创作出一幅新画，一连气画成了37幅油画。

名家名言

一个遵循理性与保持诚实的人，不可能完全迷路，虽然他不会有完满的成功，但是也不会犯错误和遭到失败。

名家名言

爱情也与自然界一样，有枯萎的时候，也有发芽的时候，但是决不会死亡。

第二十三章　终于卖出第一幅画

当文森特在阿尔勒医院醒来时，提奥正坐在他床边，而且保证会把他的哥哥不仅作为一个病人，而且作为一个朋友那样照料之后，他才离开。

邮递员罗林每天晚上都来看文森特，还带来樟脑治文森特的失眠。医院的主治大夫罗伊对文森特也特别关照。过了一个星期，大夫允许文森特作画了，他派护士从黄房子取来画布和画架，自己亲自给文森特做模特，他这样做纯粹是哄文森特开心。文森特完成肖像之后，把它送给了大夫，以表达他对大夫的好心的感谢。

罗伊大夫曾经告诉文森特："你是个非常神经质的人，从来没有正常过，当然艺术家都是不正常的，正常人创作不出艺术来。你对生活和自然过于敏感，但是这种神经过敏会导致你的毁灭。每个艺术家早晚得在这种过度敏感的压力下垮掉。"

文森特不理会大夫的话，如果生命和绘画之间一定要选择，他只能选择后者。

他不戴帽子来到田野，任由太阳将自己融化。他的创作力重新焕发，他对大自然特有的感觉再次被唤醒。他站在麦田和向日葵的面前，觉得自己也融入这黄色的世界了，这个世界时刻都在旋转在盘旋。文森特每天创作出一幅新画，他一气画成了 37 幅油画。

终于在一天早晨，他发觉自己又开始发愣和迟钝，那些奇怪的声音又回到他耳里。他总觉得有人在放毒，甚至开始拒绝食物。有一天，他恍恍惚惚地走到一家饭馆，突然，他认为别人想毒死他，他摔碎盘子，踢翻桌子，吓得顾客夺门而逃。

最令人担忧的事情发生了，文森特的病症复发了，而一次复发往往意味着更多的复发。文森特躺在阿尔勒的医院里，躲在被子里，有时喃喃自语，说有人指控他。他已经患有典型的幻听和受迫妄想症了，这真是糟糕的情况。

反复几次后，1889 年 5 月，文森特被送往在圣雷米的圣保罗精神病疗养院，提奥为他额外支付了一间房间的费用以作为画室。

在幽闭与恐怖的圣保罗医院，文森特的心情渐渐平静和淡然下来。他开始努力表现医院里盛开的鲜花，尤其是鸢尾花。鸢尾花在幽闭中生长、挣扎、伸展、怒放，恰似此时风吹草动都会噤若寒蝉的文森特。毕竟这是一所精神病医院,文森特随时可能被别的精神病人攻击,同时,他也非常恐惧自己可能会复发的幻听。

7月,在痛苦中挣扎的文森特给在荷兰的老母亲写了一封深情饱满的信,他在信里写道:

"亲爱的母亲:您说您是一位快70岁的母亲了,这固然不假,但是从您的字迹却得不出这种印象,您的字迹那么坚定有力,让我难以忘怀。提奥和小妹也写信告诉我,您看上去又变年轻了。我想这很好,在生活中有时这很有必要……

"……在我看来,这里的夏天并不比家乡热多少……即便最热的时候我也在麦田里画画,并没有什么不适之处。然而有时人们会发现这里的阳光相当强烈,结果庄稼很快就黄了。在家乡,我们的土地要比这儿耕作得好一些、勤一些,这儿许多地方都是石头地,不适合庄稼生长。不过这儿有非常美丽的橄榄树林,长着银灰色的叶子,就像家乡的庄柳。

"此外还有蓝天,我对蓝天从来没有厌倦过。这里看不到荞麦和油菜,物产也许没有我们家乡的丰富。我是多么想画家乡那些低头开花的荞麦、油菜或者亚麻……这儿也完全看不到家乡那些屋顶长青苔的谷仓或棚屋,看不到栎林,看不到大瓜草,看不到山毛榉排成的树篱——它们苍劲的白色纸条相互缠绕。这里也看不到真正的石楠,看不到家乡纽南那些美丽的桦林……"

故乡的大自然是文森特一辈子的记忆,每当文森特感到痛苦绝望时,他都会想起故乡、想起永恒的麦田。

在圣保罗医院,文森特还发现了和麦田有着同样精神气质的丝柏。他在恐惧和挣扎之中画了一幅关于丝柏的画,名字叫《星月夜》。

在这幅画里,文森特画了丝柏。丝柏如同那永恒不息的火焰,将麦田的阳光和温暖更执着、更深刻、也更痛苦地燃烧盘旋。丝柏在蓝色中燃烧,扭动升腾,直入呈漩涡状翻滚的天空,而天空里布满的是挣扎的云团。一切如此狂躁,大自然几乎要将那一小片宁静的村庄吞噬,使人顿生一种无以言状的恐怖。

巴黎的提奥不断接到哥哥的画作。圣雷米的大地、鸢尾花、麦田、丝柏、星空、灌木丛、橄榄树……大自然在他的笔下扭转、悸动、挣扎、起伏、回旋、奔泻、燃烧……那些巨大的痛苦、那些伟大的爱,来自故乡荷兰的记忆,如同金黄的生命交响乐,夹杂着巨大的悲怆,让提奥触目惊心。

1890年1月17日,一年一度的象征主义画展在布鲁塞尔开幕,提奥帮文森特提交了6幅作品,与塞尚、雷诺阿、特累克等人的画作一道参展。他的作品引起评论家的关注。与此同时,他的油画《红色葡萄园》被比利时画家安娜·博赫以

400法郎的价格买下。这是文森特有生以来卖出的第一幅油画作品,也是生前卖出的唯一一幅。

① 文森特给母亲的信里谈到了什么?他为什么要这样写?

② 文森特一辈子只卖出过一幅画,为什么?

第二十四章 我就想这样地死去

1890年5月17日，文森特到了提奥在巴黎的家。

文森特在巴黎和提奥一家一道度过了幸福的三天。提奥公寓里到处是文森特的作品，大多数都没有装框和挂置。文森特常常呆站在自己的作品前，不知在想些什么。

因为害怕巴黎的嘈杂，文森特待了三天后就前往离巴黎30公里开外的欧韦。

在欧韦，文森特一如既往地疯狂作画，他非常喜欢这个地方，如画的乡村景色给人家园之感。到5月底，文森特就画出了10多幅油画。给他看病的加歇医生认为他已经完全康复。

6月的一个星期天，提奥全家来到欧韦看望文森特。

文森特非常开心，他带着提奥的孩子在加歇医生家的院子里，追闹着院子里的猫、狗、兔、鸡、鸭。大家还一起出门散步。文森特和提奥都产生了一种回到童年的错觉。

好景不长,不久,提奥的孩子病了。他写了封长信给文森特,告诉了他这个坏消息,同时因为身心交瘁,在信里还谈了自己的工作困境和对未来的迷茫。提奥高估了文森特的心理承受能力,以为他真的已经完全康复。

文森特担心小孩子的病情,他乘火车到了巴黎,他的突然出现,使得提奥家的混乱有增无减。提奥面色苍白、憔悴。文森特极力安慰他。提奥这一段时期的境况不好,他公司的老板曾威胁他辞职,因为提奥为了印象派而忽略了正常的营业,在过去一年中一直是赔钱的。

在提奥的小孩病情稍见好转的时候,文森特回到了欧韦。

文森特开始忧虑不安。如果提奥失业了,他们的日子怎么过,自己的接济又从何而来?如果提奥的身体更加糟糕,自己该怎么办,没有办法照顾提奥,更没有办法照顾自己;如果提奥和家人一起去荷兰探亲,那自己一个人留在法国,这难熬的日子怎么办……

文森特在焦虑中渐渐地走向绝望。

到了7月中旬,尽管提奥还在为公司的事情烦恼,为孩子的看病账单着急,他还是设法挤出50法郎寄给哥哥。

文森特接到钱后,给提奥写了最后一封信,他说:

"或许应该跟你谈许多事情,可拿起笔来,想法又完全消失了,感觉这样做没用……

"至于我,我全神贯注于我的画布之上,努力追随为我所热爱和赞美的画家们;现在我回到了过去的立场,我觉

得，在越来越深的程度上，这些画家们是在绝境中孤独地战斗。这很好……"

写完信后没几天，文森特画了一幅《群鸦乱飞的麦田》。

绝望混浊的天空压向大地，麦田狂乱地舞动着，漫天的乌鸦从黑压压的天空扑来，地上的道路没有出口，一切被不可避免的冲击所席卷。整幅画让人感受到的是一种无以名状的凄凉与痛苦，仿佛文森特近乎崩溃而扭曲的脸已融入画中，变成了那翻滚的乌云、骚动的麦田和"仓皇逃离"的群鸦。

一切痛苦已经到了崩溃的边缘，也到了结束的时刻，在绝境中的战斗终于到了命定的终点。

1890年7月27日，文森特在他下榻的拉伏瓦咖啡店草草吃完午饭，便背起画架外出作画。他走了大约一公里半，便在一处草垛停下来，把画架靠在那儿，继续向前穿过一条小溪。

他仰起头，一轮赤黄的火球正在天空旋转，放射出无数炫目的光，照在他的眸子中，幻变成那些数不清的金黄灿烂的向日葵。

他把左轮手枪压在自己的腹部,扣动了扳机。

4个小时后,他摇摇晃晃地穿过昏暗的广场,回到拉伏瓦。

加歇医生赶来了,他检查了伤口,然后一直陪伴着他。

提奥第二天赶到,他哽咽得说不出话来。

医生不敢动手术取子弹,因为文森特的身体太虚弱了,他本来就不可能从田里继续站起来的。

提奥斜靠在床沿,把文森特的头抱在怀里,拉着他的手,两人轻声交谈。文森特静静地抽着烟斗,眼神无限温柔。时光渐渐倒流,仿佛一切又回到了津德尔特的童年。

到了黄昏时分,文森特的伤口感染发作并蔓延开来。

文森特抓住提奥的手,轻声说:"我就想这样地死去。"

1890年7月29日凌晨,37岁的文森特永远闭上了眼睛,再也没有醒来。

文森特的墓地选在欧韦郊外的一处小坟场,紧邻着一大片麦田。

1891年1月25日,文森特辞世之后不到半年,33岁的提奥因为悲痛、操劳和疾病亡故。他和哥哥葬在一起,躺在欧韦的青青草地里,在大自然母亲的怀抱中永不分离。

阅读思考

① 文森特为什么要放弃自己的生命?

② 文森特是个坚强的人还是脆弱的人?为什么?

附录　梵高年谱

1853 年　生于荷兰南部布拉邦特的格鲁特·曾·德特。

1855 年　梵高的妹妹安娜诞生。

1857 年　梵高一生的知己——他的弟弟提奥诞生。

1859 年　妹妹伊丽莎白诞生。

1862 年　妹妹威廉·明娜诞生。

1866 年　于简·普罗维利寄宿学校作最早的图画。

1867 年　弟弟科尼利诞生。

1869 年　进古皮尔艺术公司海牙分公司当店员。

1872 年　开始与提奥通信,当时提奥在上学。

1873 年　迁往伦敦分店,爱上了房东女儿厄休拉·洛耶。

1874 年　向厄休拉求婚失败,回荷兰;10 月至 12 月在巴黎古皮尔总公司,后返伦敦。

1875 年　被调往巴黎古皮尔艺术公司,热衷于神秘主义和宗教。

1876 年　被古皮尔艺术公司解雇。4 月,在英国拉姆斯盖特当教师,后又在艾尔沃思当助理牧师。

1877 年　1 月至 4 月,在多德雷赫特书店任职。5 月,赴阿姆斯特丹,为投考神学院积极攻读。

1878—

1880 年　7 月,放弃在阿姆斯特丹的学习,在埃顿作短期逗留后,于 8 月入布鲁塞尔为期三个月的福音传道学校,但未能取得牧师的任命,赴蒙斯附近博里纳日矿区,做非正式传教。由于工作方法不当,被教会解雇。

1881 年　埃顿时期(1881 年 4 月 12 日—1881 年 12 月 30 日),4 月,离布鲁塞尔,去埃顿与父母同住;12 月,与家庭发生龃龉,离家赴海牙。

1882 年　海牙时期(1881 年 12 月 31 日—1883 年 9 月 12 日),跟表妹夫安东·毛沃学画;搜集英国报刊插图,画了许多素描和水彩。

1883—

1884 年　德伦特及纽南时期(1883 年 9 月—1885 年 11 月 27 日),9 月,与西恩,赴荷兰北部之德伦特作画。开始画油画。12 月,回到荷兰南部之纽南,起初与父母同住,后来离家独住。

1885 年　为《吃土豆的人》绘制了约 50 幅农民头像;10 月赴安特卫普,参观博物馆。

1886 年　巴黎时期(1886 年 3 月—1888 年 2 月 20 日),

从 1 月起在安特卫普美术学院学画；2 月底去巴黎，与提奥同住；第八次也是最后一次印象派美展举行，会上展出修拉的《大碗岛的星期日》。

1887 年　由于与不断发展的当代法国艺术运动接近，调色板变得愈来愈明亮；同毕沙罗、德加、修拉、塞尚相识并交往；厌倦巴黎的生活，向往阳光更为明亮灼热、色彩更加强烈瑰丽的法兰西南部，开始绘制向日葵。

1888—

1889 年　阿尔勒时期，1888 年 2 月，住在阿尔勒加萨咖啡馆；5 月，迁入拉马丁广场上的"黄房子"；10 月 20 日，高更来与他同住；12 月 23 日因精神失常，割下一只耳朵的下半部分；高更返巴黎。由于提奥的帮助，梵高的三幅油画和几幅素描得以在独立沙龙展出。

1890 年　欧韦时期（1890 年 5 月 21 日—1890 年 7 月 29 日），临摹德拉克洛瓦、米勒、伦勃朗和居斯塔夫·多雷的作品；在布鲁塞尔的"二十人展览会"上，《红色葡萄园》得以出售，这是他在世时得以出售的唯一一幅作品；6 月创作《加歇医生像》；7 月 27 日，开枪自杀，于 29 日清晨，停止呼吸。